Artur Schütt
Morgen in Lanzarote

ARTUR SCHÜTT
MORGEN IN LANZAROTE

Satiren, Parabeln, Verrückungen, Entgleisungen,
Geschichten zum Ausruhen
(bis man sich selbst wieder gefunden hat,)
Zustandsbewegungen, Wiedererweckungen
(dann legt man das Buch aus der Hand
und ist so richtig glücklich)

Mit Zeichnungen von Armin Hott

Pfälzische Verlagsanstalt

Eröffnung

Als Sven Sörenbrook morgens zum Fenster hinaussah, sah er den Frost am Himmel und den Schnee auf Erden. Er sattelte das Kamel und ritt übers Eis, noch bevor die Nachbarn in die Stadt fuhren. Der Turban glänzte in der aufgehenden Sonne, die Augen leuchteten, das Land war weiß und weit. Am Horizont ging ein Flirren auf und unter, die Fläche des Schott el Dscherid schimmerte herüber. Er prüfte den Sitz des Krummsäbels, zog den Burnus fester zusammen und nahm die Route über die Sanddünen zum Supermarkt, wo er heute um 10^{30} Uhr zur Neueröffnung der Teppichabteilung erwartet wurde.
Wer glaubt, daß diese Geschichte etwas aufklärt, ist in seiner Jugend nicht DURCH DIE WÜSTE gezogen. Die Sahara ist ein großes, noch immer nicht gelöstes Rätsel.

Kullerpfirsich

Ein Sommertag hatte die Hitze satt. Er ging baden und tauchte gleich unter. Da fing es von oben an zu tröpfeln, dann zu regnen, zu gießen und schließlich schüttete es wie aus Kannen! So ein Mist, sagten die Badegäste rund um den Baggerweiher, rafften in Windeseile ihre Klamotten zusammen und verließen in chaotischer Eile die Uferböschungen... An der einzigen Ausfahrtstraße entstand ein Wirrwarr von Menschen, Fahrrädern, Autos, kläffenden Hunden und plärrenden Kindern und den schier alles ertränkenden Wassermassen. Nur der Kioskbesitzer machte in stoischer Ruhe seinen Laden dicht und blieb, wo er war. Dann holte er eine Eiscreme Veronesa aus der Truhe (Vanille, Schoko, Eierlikör, Borkenschokolade, Karamelstückchen) und machte sich in aller Gemütsruhe über die her. Aus beiden Ohren wuchsen ihm dabei zwei leuchtende Margeriten. Die waren in Wirklichkeit natürlich Colombo und Columbine.

Und als er sich so richtig schön erfrischt hatte, schlug er die Holzläden wieder auf und sah, wie der Sommertag geradewegs ans Ufer kroch und sich das Wasser von der Haut schüttelte, bevor er, zufrieden mit seiner Unternehmung, sich wieder von seiner allerschönsten Seite zeigte: rund und goldgelb, glockenhell, beschwingt wie ein Pfirsich, wenn er im Champagner hin- und herkullert (und lacht) und das ganze Glück dieser Erde in Kiosken liegt, die an Badeweihern stehen mit ihren unvergänglichen Bilderwelten zwischen Frankfurter Würstchen, sauren Gurken, kaltem (oder auch brandheißem Kaffee) und den unerschöpflichen Kreationen erfinderischer Italiener, die wissen, daß sich ohne Eis und Sonne nicht leben läßt... Über alles andere kann man reden, muß aber nicht.

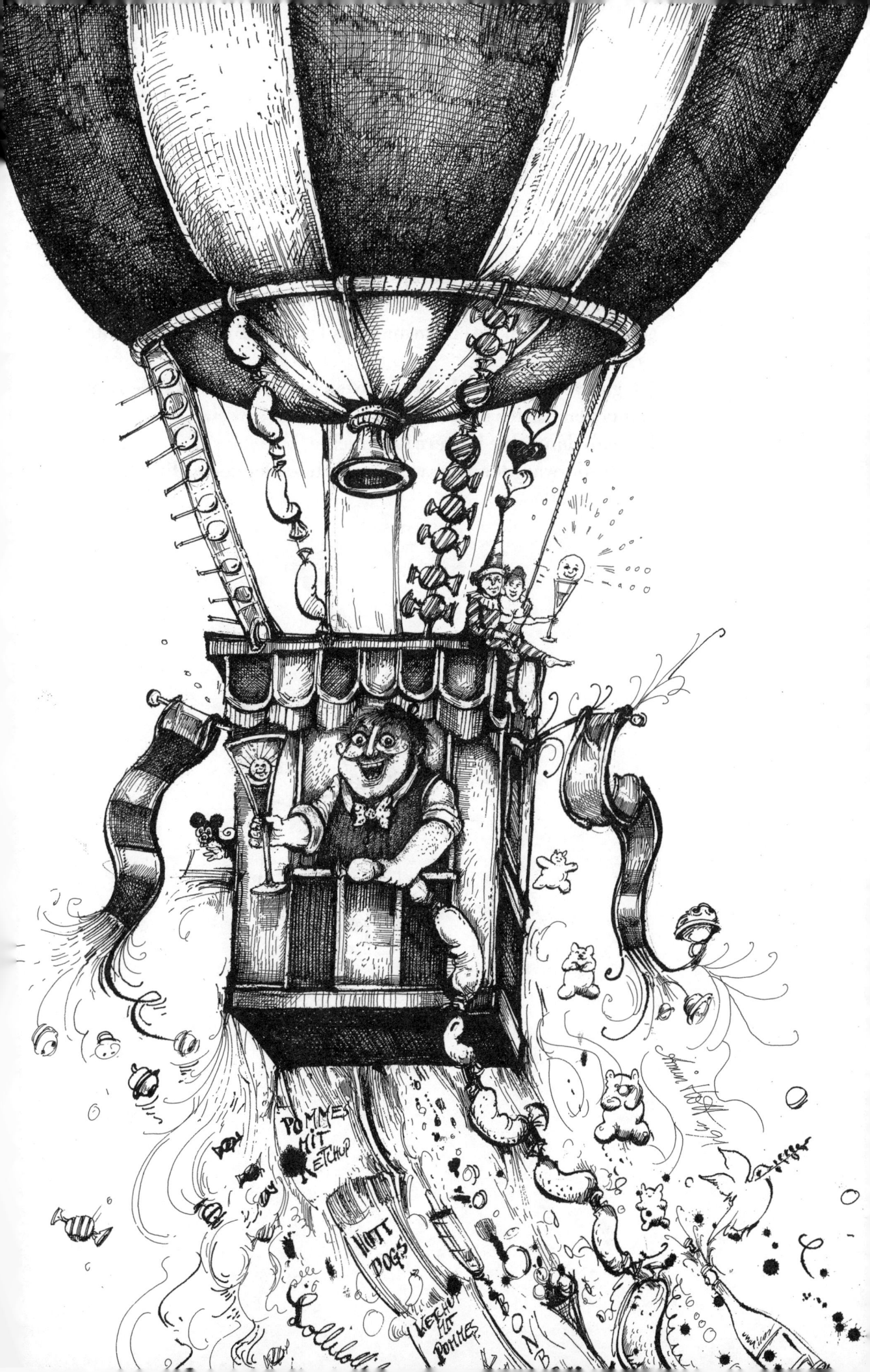

Die alte Frau

Im Café Cönig saß vormittags um halb elf eine nicht mehr junge Frau bei einer Tasse Schokolade und ließ den lieben Gott einen guten Mann sein. An einem anderen Tische saß derweil eine alte Frau.
Ich ging an ihren Tisch, bestellte ein Stück Flockensahne zum Kännchen Kaffee und sagte ihr, wie schön sie sei.
Das gab dann eine längere Geschichte.
Am Ende war der Bus weg und ich schlenderte die Straße hinunter.

Ein Lehrer, der hieß Marinow

Ein Lehrer, der hieß Marinow, kam aus dem Lehrerzimmer und wollte in die 8c. Als er den Flur entlangging und die Treppe erreichte, ließ einer seiner Schüler „Die physikalische Beschaffenheit der Erde" von dem Treppengeländer des darüberliegenden Stockwerks fallen und traf damit genau den Kopf von Marinow. Der fiel hin, stand aber schnurstracks wieder auf, griff sich nach dem Kopf, bückte sich, suchte seine Bücher und Hefte zusammen, unter denen sich nun auch „Die physikalische Beschaffenheit der Erde" befand, und murmelte: Da komme ich hier aus dem Lehrerzimmer, und will in die 8c, um ..., um ..., um ... Aber da wußte er mit einem Male nicht mehr, welches Fach er da zu unterrichten hatte. Genau in dem Moment fielen die „Wegweisungen für den religiösen Menschen, ein Leitfaden" herab, und abermals ward Marinow am Kopf getroffen, so daß er zusammensackte, sich an den Schädel griff, eine zweite Schramme fühlte und dachte: Was ist das für eine Geschichte: Ich, Oberstudienrat Marinow, komme hier aus dem Lehrerzimmer und will in die ... in die ... in die ... Wohin will ich? Mein Gott, wohin will ich eigentlich ... Jetzt weiß ich nicht mehr, wohin ich will ... Und noch im Aufstehen begriffen, warf ihn „Die Entwicklungsgeschichte der Säugetiere" zu Boden, und er sagte: Ei-der-daus! und faßte sich zum dritten Male an den Kopf und sinnierte: Da komme ich aus ... aus ... aus ... Ja woher komme ich? Woher komme ich eigentlich? Aus dem Ratskeller? Nein, nein, nein. Aus einer Tonne? Ojejeje – nein. Aus dem Bad? Woher komme ich bloß? Von oben kam indes die „Mathematik der Mittelstufe für höhere Lehranstalten" mit solcher Gewalt herabgesaust und traf ihn mit einem harten Schlag auf den Hinterkopf, so daß er nicht einmal mehr 2 + 2 zusammenzählen konnte und selbst seinen Namen vergessen hatte: Wer bin ich eigentlich? Jetzt weiß ich schon gar nicht mehr, wer ich bin! Jetzt habe ich doch wirklich vergessen, wer ich bin, sagte sich Marinow und lief mit dem Ausruf Eujeujeu – ojeoje durch die Flure und Stockwerke der Schule und schließlich hinaus aus dem Gebäude und durch die Straßen der Stadt und über Land und immer weiter fort und ward verschwunden. Und wenn Sie irgendwo auf der Welt einen Menschen mit vier großen Beulen auf dem Kopf und mehreren Büchern unterm Arm sehen, sagen Sie ihm doch bitte, er sei der Oberstudienrat Marinow, und seine Klasse, die 8c, warte immer noch auf ihn.

Ein seltener Fall

Zwei Männer saßen auf einer Mauer, Rücken an Rücken, und die Beine baumelten.
Da kamen zwei andere Männer und sagten: Nehmt die Beine hoch, hier darf man nicht mit Beinen baumeln.
Jetzt guckten alle vier, was die Beine machen. Die Beine baumelten weiter. Daraufhin fingen die zwei Ansprecher an, die Mauer abzubauen. Die beiden anderen blieben sitzen, und die Beine baumelten. So blieb es auch, als nichts mehr von der Mauer übrig war.
Ein seltener Fall, denn der eine war ein schwerer Junge und der andere Flottillenadmiral.

*Die Geschichte vom Schlafsammler
und Kehrmaschinenmeister*

Ein Mann sammelte jede Menge Schlaf. Den versteckte er im Keller, damit er in Notzeiten etwas hätte, wenn wieder der Hunger käme und man es nicht aushielte vor Magenknurren und Schlaflosigkeit. Ein anderer sah dies und raubte ihm eines schönen Nachts seinen ganzen Schlaf. Da legte sich der Schlafsammler erst einmal hin und schlief 436 Stunden am Stück, dann hatte er alles wieder beisammen. Anschließend aß er 2 Scheiben Fränkisches Frischkornbrot aus biologisch aktiviertem, frisch zerkleinerten Vollkorn-Sauerteig und meldete den Diebstahl bei der Polizei. Der Polizei-Chef, insgeheim ein notorischer Trunkenbold, der Wassertropfen sammelte und eine der besten Quelltropfensammlungen Europas vorweisen konnte, notierte sich die Sache, und damit hatte sichs dann.

Auf dem Heimweg sah der Schlafsammler zwei Amseln, einen Grünspecht, drei Kirchturmspitzen und 16 frisch eingebrachte Pflastersteine. Da wußte er, wie schön das Leben ist. Er ging ins Schwimmbad, schwamm 820 m am Stück und legte sich in die Sonne. Zwischendurch holte er sich ein Stück Lüneburger Heide-Torte und verschwand damit einfürallemal aus der Geschichte.

Was zurückblieb, war der alltägliche Unrat an Bonbonpapieren, Sommersonnenölschraubverschlüssen, Genetivattributen, Eistütenresten, Haarklemmen, Handkettchen, Eifersüchteleien, Plastiktüten und einer Menge angefangener Geschichten, die allemal nicht ihr Ende finden an heißen Sommertagen in Schwimmbädern bei 32° im Schatten und die die Kehrmaschine abends verschlingt und dabei nicht einmal Magenschmerzen bekommt.

Der Kehrmaschinenmeister, dessen Kollegen von der Städtischen Müllabfuhr sowieso nicht verstehen, was sich da im Innern seines Räumunimogs so alles zusammenfindet, sammelt die ganzen Reste und macht daraus die schönsten Geschichten. Die erzählt er dann abends seiner Frau, die aber nur den Kopf schüttelt, weil ihr die fertigen Waren lieber sind als die möglichen Träume. Du hast ja keine Ahnung, sagt der Kehrmaschinenmeister dann immer. Und damit trifft er genau das richtige Wort. Na bitte!

Eine Geschichte mit der Maria Wollinka

Eine Frau – sie hieß Maria Wollinka – saß auf einem braunen Plastikstuhl im Café Donnerschlag und vermißte ihr Strickzeug. Da bestellte sie beim Kellner, was ihr fehlte. Der stutzte erst, dann guckte er sie an. Eine Weile geschah nichts. Er hätte ja sagen können: Wollen Sie mich verarschen? Dann hätte sie geantwortet: Nichts liegt mir ferner. Aber er sagte: Führen wir nicht. Darf es auch ein Kaffee mit Sahne sein? In dem Moment brausten vier Sturmboote am großen Fluß vorbei, ein ungeheures Rauschen erfüllte alles und die Ruhe war hin. Frau Wollinka sagte: Da sieht man's wieder. Ja, sagte der Kellner und notierte: Es braust ein Ruf wie Donnerhall. Als der Küchenchef die Bestellung sah, garnierte er den Windbeutel mit einer Stricknadel. Das war der Maria Wollinka grad recht. Sie schleckte die Sahne von der Nadel und bestellte eine zweite Portion. Als aber diese keine Garnierung hatte, verlor sie alle Fassung und sagte zum Kellner: Ich war einmal mitten im November Pilze sammeln, aber so etwas ist mir noch nie passiert. Vom Nachbartisch reichte ihr ein aufmerksamer Mann seine Brille rüber. Sie dankte ihm, setzte sie dem Windbeutel auf und bat den Kaffeehausphotographen um ein Bild. Dies, sagte sie, ist der schönste Tag in meinem Leben. Alle freuten sich, bunt beflaggte Schiffe fuhren vorüber, darunter ein Kohleschlepper. Auf dem gab es Wurstsalat mit Pommes Frites, und der Koch in der Kombüse hatte weißrote Fähnchen mitten hinein gesteckt in die Portionen, so als ob dies ein Flaggschiff wäre. Helle Wolken hielten Kurs am blauen Himmel mit den Wellen, Kinder warfen Kiesel hinterdrein, und manche fuhren mit ein Leben lang. Am Rande des Biergartens dufteten die Akazien, und unter einer mächtigen alten Linde gab der Schatten die schönste Luft

zum Atmen frei. Ein Dichter, der da saß, legte den Stift beiseite, bestellte einen Kaffee und wußte endlich, was er wollte. Während er den Kaffee trank, zogen alle seine Gedanken einem Kiesschlepper hinterdrein, stromaufwärts weiter und weiter, ein Gedanke nach dem anderen. Und nach dem letzten Schluck heftete er sich an deren Fersen, warf seine Gefühle weit voraus, ließ alle guten Geister fallen, und erreichte schließlich mit beiden Händen die Fahnenstange am Heck des Schiffes, an die er sich klammerte, so daß er im Winde flatterte.
Aber wer, wer schreibt nun die Geschichte der Frau Wollinka zu Ende? Keiner wird's je erfahren, obschon er sich doch alles schon so schön ausgedacht hatte: Sie, die Maria, zöge von einem Café der kleinen Stadt zum anderen, bestellte immer wieder ein Strickzeug, hörte immer wieder: Ja – Sie spinnen wohl, bis sie bei ihrem dreiundzwanzigsten Versuch am dritten Tage – es wäre der 27. Mai – in einer kleinen italienischen Eisdiele schließlich weiß Gott bekäme, was sie suchte. Mama Lucia di Papamo hätte ein Einsehen, gäbe der Maria Wollinka aus ihrem eigenen Bestand, was sie wünschte, und sie säße an einem der Tische auf der frisch gepflasterten Straße unterhalb des alten Stadtturmes und strickte vor lauter Freude eine der ersten Kaffeehausdeckchen, die das Café nachmalig weltberühmt gemacht hätten in seiner Branche, weil man an den Rändern seiner Tischdecken nach Belieben weiterstricken konnte (auch unter Tische!), wenn man wollte, denn Stricknadeln gäbe es bei der Bestellung eines Espresso Merino mit dem Zucker und der Sahne jeweils dazu, nachdem der Enkel der Mama di Papamo die Idee gehabt haben würde, aus dem absonderlichen Vorfall eine gastronomische Besonderheit zu entwickeln ...
Aber bitte: wer erzählt uns das alles jetzt noch? So richtig nach allen Regeln der Kunst? Und wenn schon – kein Mensch glaubte ihm die Geschichte, deren Erfinder irgendwo im Winde flattert, – in der man doch aber gerne vor Anker gegangen wäre ...

MEERSTERN ICH DICH GRÜSSE
oder
Fröhliche Weihnachten

Eines Tages wachte Igor Freiherr von Richtschnur auf, schaute zur Decke empor und sah dort einen großen Fleck; aber er sah keinen Fleck, sondern ein Nilpferd, das gerade seinen rechten Vorderfuß gegen den Himmel reckte; genauer genommen, d. h. wenn er scharf hinsah, sah er eine Wolke, die von einem Esel über einen Kirchturm hinweg getragen wurde, weil der ihr im Wege stand und der Esel es nicht mochte, wenn Kirchtürme Wolken auf ihren Wegen im Wege stehen. Aber vielleicht ist der Kirchturm auch nur eine zu groß geratene Standuhr, dachte der Freiherr in dem Moment, als er sah, daß da in Wirklichkeit eine Tür frank und frei am Meeresstrand stand und ein Kapitänleutenant auf einer Haifischflosse durch sie hindurch schwamm, um nach den Sternen über Land zu greifen, die meerwärts nicht zu sehen waren. Nur wenn man über die Ränder der See ein wenig hinausging, sah man in der Ferne einen Goldschimmer, aber das war ja schon die Fensterscheibe, und die Sterne waren da draufgeklebt und nicht mehr drin in der Geschichte, denn sie waren aus echtem Goldpapier, weil übermorgen Weihnachten war und man nicht früh genug vorsorgen konnte. (Die echten Lebkuchen, die von Knorrzahn, waren da ohnehin schon vier Monate alt.)

Ihm fiel ein, daß er ja gerade aufgewacht war, und schnell zog er noch einmal die Decke über den Kopf, und als er dann aufstand, fand er seine alte Jacke nicht mehr so vor, wie er sie in Erinnerung hatte. Dafür war sie zu zerlumpt und das eine Ärmelfutter war herausgefetzt, und außerdem war ihr fischgrätengrünes Muster derart verblichen, daß man hätte meinen können, ihr sei etwas zugestoßen; denn wer verfiel schon ohne Schreck in einen solchen Farbton? Schnell ging Igor Freiherr von Richtschnur in den Herrenausstatter auf der Hauptstraße und kaufte sich eine neue, wunderschön grün eingefärbte Jacke, die er dann zu Hause an der Decke über seinem Bett befestigte, und unter der er in der darauffolgenden Nacht schlief, als wäre nichts geschehen, tief und fest. Das war die Nacht in den Tag vor dem Heiligen Abend, an dem es nichts zu flunkern gibt. Die Menschen sind auf seltsame Weise ausgeschlafen und singen und weinen noch zu Mitternacht in den Kirchen, die sie mit ihren Leibern füllen, weil sie nicht wissen, wohin bei solchem Himmelsbilde. Und warten, ob sich ihnen da oben nicht eine Botschaft auftäte, an die sie nicht gedacht hätten das Jahr über. Anders als Igor, nicht wahr, der geübt war in der Betrachtung von Deckengemälden und der Ankunft in Legenden und der schon am Morgen mit Staunen wahrnahm, daß viele kleine Leuchtkäfer an seiner Decke zusammengelaufen waren im Blattwerk einer geschlossenen Christrose, die die Blumenfrau einem Bernhardiner gerade über den Tisch reichte mit den Worten: Fröhliche Weihnachten.

Eine Liebesgeschichte

Anton Prczybilla verlor erst seine Uhr, dann seinen linken grünen Socken und dann sein Leben.
Maria Prczybilla, geborene Carganico, schaute zum Himmel auf. Der regnete zur Beerdigung, was das Zeug hielt. Josef Prczybilla, der Vater von Anton Prczybilla, dachte: Das Leben ist eine Schmiede. Und Helen Prczybilla, die Mutter von Anton Prczybilla, eine geborene Söderkiken, sagte: Hier im Süden geht alles schneller.

Tags darauf ging sie zur Drogerie und kaufte zwei Kilo Gebirgsblütenhonig, eine Packung Bierhefestreuflocken, reich an Vitamin B 1, und eine Rein-Baumwoll-Treuebluse aus der Shopkiste vor der Kasse für 29,80 DM.
Die zog sie am Nachmittag an und ging an den Gartenzaun, wo der Nachbar immer stand.

Am Abend besuchte sie Karl-Wilhelm Prczybilla, der Vater von Josef Prczybilla, und brachte paar Gedanken mit, u. a. auch den: Hochmut kommt vor den Fall. Da stand Josef Prczybilla auf und schmiß ihn zur Tür hinaus und seinen Gedanken ihm hinterher, so daß er den Kopf einzog. Man muß wissen, was man will, sagte Josef Prczybilla danach zu seiner Frau und umarmte sie. Dabei sagte er: Du bist mein Leben.

Zu diesem Zwecke setzte sich Helen Prczybilla ins Flugzeug und flog nach Uppsala. Dort besuchte sie die Sprechstunde vom Prof. Ringsdröl. Der sagte ihr: Kommt Zeit, kommt Rat. Da ging sie und legte sich in ein Zimmer seiner Abteilung und sagte zur Schwester: Morgen ist es soweit.

Am Tage nach der Operation war die Gebärmutter noch drin, aber der Blinddarm draußen. Lange fand Helene Prczybilla daraufhin keine Ruhe. Bis der Nachbar über den Zaun kam und drei von ihren Äpfeln nahm.

Dann ging alles sehr schnell und sehr einfach. Sie flog nach Amsterdam, kam wieder, ließ sich von Josef Prczybilla scheiden wegen unüberwindlicher Begriffsstutzigkeit, brach sich dabei den rechten großen Zeh und heiratete Helmut Dalienhorst aus Nachbarsgarten in einem orthopädischen Schuh.

Prof. Ringsdröl nannte das einen Kurzschluß oder endogene Erotnäsie. Seine Jugendgefährtin aber sagte: Hier im Süden geht alles schneller. Sie tanzten einen Krakowiak und der Professor schwankte.

Josef Prczybilla verfiel die Nacht drauf in Gedanken über seinen Lebenslauf. Dann setzte er sich am nächsten Morgen neben Maria Prczybilla und hielt ihr erst die Hand, dann ihr linkes Bein und dann ihren Mund. Sie hielt daraufhin den ihren ganz still und fest dagegen. Da sagte er: Wir gehören zusammen, wie der Wind und das Meer.

Als Maria Prczybilla im Herbste Anton Hermann Prczybilla gebar, verlor Josef Prczybilla tags darauf seine Uhr. Er ging entschlossenen Schrittes zur Eisenbahnbrücke und stürzte sich hinab. Noch im Fallen dachte er: Schmiede hin, Schmiede her, ewig geht das nicht so weiter.

Bei der Beerdigung sagte Helene Dalienhorst: Er wollte immer der Größte sein. Jetzt hat's ihn eingeholt. Hier im Süden geht alles schneller. Prof. Ringsdröl staunte, mit welcher Haltung sie auch dies trug. Er umarmte sie und sagte zur ihr: In meinem

Herzen herrschst nur du. Kinder bekamen sie keine. Als Anton Hermann Prczybilla drei Jahre alt war, sagte er zu ihr am Gartenzaun: Oma Lene . . .

Tags drauf flog sie nach Rom; dort kannte sie einen vom kollegium germanicum. Dann schmiß sie drei Münzen in den Brunnen, setzte sich ins Flugzeug und flog direkt nach Stockholm. Schon an der Gangway wartete Prof. Ringsdröl, der in letzter Zeit zwei Autounfälle verursacht hatte. Sie flog ihm in die Arme und sagte: Ewald! Da faßte er sie erstmals fester. Der Boden, so schien ihr, schwankte, als sie zu ihm sagte: Ich wußte, es würde einmal ein Wunder geschehen . . .

ENDE

Die Tischordnung

Zuerst zählt Herr Kreitleitner die möglichen Sitzplätze ab in dem Falle bei ausgezogener Platte und beigestelltem Küchentisch (in der Küche könnte der kleine der vom Balkon so lange... zwei kleine Kinderstühle von damals es sitzt dann jeder mal gerne drauf und ist lustig auf kleinen Kinderstühlen auf die er nicht paßt aber es paßt ihm lustig so drauf darauf wenn auch nicht in den Kram den er ohnehin hier nicht haben möchte zuhause gelassen hat er ihn und darum gefällt es ihm auf dem viel zu kleinen Stuhl Kram ist sowieso nicht das richtige Wort aber Krempel auch nicht Krempel gibt es erst paar Tage vor dem Umzug wieder aber hier nicht da gibt es die großen blauen Schüsseln die in Wirklichkeit weiß sind mit einem blau-goldenen Rand und die lustig aussehen wenn sie auf dem niedrigen Balkontisch in der Küche stehen aber jeder kommt gern in die Küche und sagt bei Kreitleitners ist es immer so gemütlich und trägt selbst Messer und Gabeln hinüber die fehlen noch zweimal wenn die ersten Gäste kommen das war das letzte Mal so heute nicht heute zählt er das genau vorher ab damit es dann keinen Krach gibt paar Tage später wenns Krach geben soll und kein anderer Grund da ist aber wer denkt schon so weit) ganz nah schiebt er den Küchentisch heran und dann sind es 9 oder 11 Plätze je nachdem. Je nachdem gibt es frisches Schrotbrot vom Sauerteig aus dem Bioladen und Käse vom Schattner. Es sitzt dann jeder mal hier mal da aber insgesamt nie mehr als 11 Personen auf 11 Stühlen obwohl noch 6 Sitzplätze auf der Sessellandschaft vorhanden sind aber die reichen nicht an die Tischhöhe und da läge obendrein das Kinn auf der Tischfläche aber geht nur in der Küche mit den Kinderstühlchen am Frühstücksbord nicht im Wohnzimmer da wird man anders lustig man sagt sich's und sagt: bei Kreitleitners ist es immer unheimlich lustig. Es gibt zwei Salatschüsseln voll Salat eine Kartoffelschüssel voll Kartoffeln einmal gab es auch schon die in Staniolpapier Stück für Stück früher im Kartoffelkrautfeuer meistens ganz ohne Einpackungen jetzt im Klarsichtofen und das heißt auch Folie Silberfolie nicht Staniolpapier und zwei Schüsseln mit Eissalat das ist so einer wie man sich denken kann und der ist immer anders und immer unübertrefflich aber der Käse nicht der kommt für die ganze Stadt vom Schattner aber jeder tut so als ob er anders wäre und nicht wie beim Nebenmann der auch eine Frau sein kann und dann wechselt er sowieso seinen Platz und manchmal sogar mit Olivenessen das ist wie Kirschenkosten früher aber halt mit Oliven und jetzt und in Wodka und weil man da schon so besoffen ist so spät ist das alles kommt's dann auch nicht mehr drauf an und wenn die Kerzen ausgehen und die Oliven übern Tisch kullern anstatt ordentlich von Mund zu Mund ist's dann schon außer jeder Ordnung am Tisch die gibts aber drunter und drüber kaum noch da noch eine aber auch die Oliven sind aus dem Bioladen so ein Quatsch was soll denn da schon dran sein aber die nimmt man da gleich mit wie beim Fleischer den Käse und beim Milchmann die Wurst das geht heute alles und man trennt nichts mehr und man muß schon aufpassen daß nicht alles durcheinander kommt die Streitkultur und die Nacktkultur und die Wohnkultur und die Gesprächskultur mein Gott haben Sie aber große Füße so – wie meinen Sie das wenn Sie das finden? Zwei große Teller gibt's auf denen bringt Frau Kreitleitner die Lenden im Kartoffelspitzteig nach Rezept. Wenn es erst um 7 Uhr ist das geht noch da trinkt sich Herr Kreitleitner noch allein einen Kleinen aber schon kommen die ersten und vorher so einen Schnaps oder (derselbe unbestimmte Artikel im Dativ) Aperitif ins Glas geschaut ist auch nichts besonderes also lieber Brotkruste stückweis in Chantree-Creme rausgefischt macht gleich Laune oder eine Wodka-Käse-

Marinade mit Sardellenpastenzusatz und eine Kaper pro Glas das zieht gleich den Saft zusammen und alles ist geölt und keiner steht erst so rum aber mit Blumenpapier ist ja sowieso nichts schon lange nicht aber schön in alten Rühmannfilmen mein Gott Gottchen komm vergiß' (plus Genitiv-s) da lieber schon Salzteigkeramik aber nicht bei den Grünen oder Apfelteeblüten im Omakrausenemaillentopf oder zuckerwürfelgroße Porreestücke in Aspik zuvor in Bratensaft gedünstet mit Rosinen vom Strauchwerk nicht aus dem Beutel oder vom Eistiefkühlschrank mit Blümchen sowieso nicht bei Siebeck im Magazin zählt nur eins zwei drei vier fünf sechs sieben du sollst was ich schreibe lieben und glauben es für wahr halten nicht im Bereich der Wirklichkeit aller geschriebenen Tischordnungen auf die heute sowieso keiner mehr was gibt der verzichten kann Verzicht müssen wir alle üben in diesen Zeiten auf die richtige Mischung kommt es an der andere gibt das eine locker und lustig ist's bei Kreitleitners immer wenn's vorher Straudelsuppe gibt das ist Metzelsuppe mit geriebener Kartoffel richtig rein in kochende Brüh' sowieso schmeckt das sowieso da wurden schon namhafte Namen mit angelockt sowieso wenn's bei Kreitleitners Metzelsuppe gibt geht's ohne Stühle und gehört nicht zum Thema hier. Der Suppenlöffel geht von Hand zu Hand und bleibt in Omas Terrine er ist aus Porzellan. Jeder gibt ihn artig weiter aber unverkrampft ganz unverkrampft der Käse wird auf Holzbrett gebracht und so einfach fingerstückelweis mit den Zähnen durchkaut und die Hände weiß jeder wohin damit und das Gesicht sagt: o aber o sagt es sowieso auch ohne den Käse aber mit Käse auch. Lauter lustige Gesichter schauen lauter lustige Gesichter an. Einer macht manchmal nicht mit weil der dann selbst mal lachen will und das geht so: ha – ha – ha aber mit Lustigkeit hat das bei dem nichts zu tun überhaupt möchte der nichts zu tun haben aber bei den Kindern oben am Bettchen der Susi und dem Hanspeter von Kreitleitners erzählt er dann schöne Geschichten daß die beiden lachen und das Haus schallt und alle am Tisch sich nicht wundern aber trotzdem denken: Der! Der hilft dann auch beim Abräumen und Abwaschen und am Ende ist er auch so lustig wie er schon am Anfang hätte sein können aber jeder wie er denkt denkt Herr Kreitleitner fällt ihm um 1 Uhr 30 um den Hals küßt ihn ab und zu und sagt Max zu ihm und da weiß der wieder wer er ist und ist offenbar so. Gabeln und Messer sind im Holzgriff und trotzdem sind die Messer scharf und gegessen wird saftiges Lendenfleisch so richtig noch trotz alledem. Lautstark klingt das Gelächter übern Tisch und Kaffee will erst keiner aber dann doch das weiß Frau Kreitleitner schon und sie macht das mit der Maschine am Wohnzimmertisch auf der sind lila Blümchen aufgeklebt und ein Bananenmarkenschild denn so ist man ja nicht und zeigt vor ach so ein bißchen doch alles wie bei Omas Kaffeerunde aber ganz anders bloß im Grunde ist das auch nicht das Thema. Es könnten auch wenn man ganz ganz eng zusammenrückt dreizehn Plätze sein aber da reichen die Bestecke nicht mitbringen mitbringen das ist besonders lustig und sowieso üblich samt Salat und Schüssel und eigenem Gebiß und Gemeinschaft von 20 bis 2 Uhr und dann ist alles anders so richtig wird's dann nicht aber das muß es ja nicht immer sein das war es davor und danach. Wenn die Soße fertig ist wird sie serviert. Eine gute Lende für eine gute Runde. Was wollt ihr mehr mehr gibt's nicht weil: mehr gibt das Geschäft nicht her und da will man ja auch noch bissel reden und quatschen und mehr gibt das alles nicht her aber Wurscht was — Lende ist besser ohne Madeira pur einfach pur die Essenz eines Abends das bringt's. Die Oma ist schon 86 und war dreimal zur Herzoperation und fällt öfter mal um und kann schlecht laufen aber sie ist noch in ihrer Zwei-Zimmer-Wohnung und viele Nachbarn so viele wie sie braucht helfen ihr das ist so und jetzt hat sie sich mit der Rosel ihrer Freundin in einem Altenheim angemeldet das gebaut werden soll. Von der Oma ist das Geschirr auf das Kreitleitners so stolz sind weiß mit blauem Rand. Honigtöpfe sagt der Onkel von Kreitleitners ist ein völlig falscher Begriff es sind keine Töpfe es sind Gläser sagt der Gläser und daß so gebildete Leute das nicht sehen das kapiert er nicht sagt er. Nur bei Fischsuppe da macht Frau Kreitleitner nicht mehr mit da verschlägts ihr die Sprache sonst nicht. Aber woanders ist das nicht so da ist das anders auch bei Fischsuppe. Aber überall ist da so was. Gottseibums bei uns bevor das auch noch aufhört. Frau Kreitleitner aber manchmal auch Herr Kreitleitner sitzen in der Nähe der Tür damit sie hereinholen und heraustragen können aber alle helfen mit daheim nicht da ist ja auch nicht jeden Tag Party und immer dieselbe Frau in der Küche ist sie warum auch nicht rumdiebum da braucht man nicht immer heraustragen und Honigtöpfe sowieso nicht die kleben an und für sich auch jedermann weiß das kommt davon aber nicht bei mir weil noch schöner wär' das ja. Ein Punkt bleibt immer die große Unbekannte bei Kreitleitners kam die noch nie aber alle Partys und Tischordnungen haben ihre Erwartung. Nämlich alles ändert sich aber die Erwartung nie da kann man sich drauf verlassen komischerweise auf die Unbekannte und lustig ist's bei Kreitleitners sowieso. Mehr bringt keine Tischordnung zustande. Bei Pilzgerichten ist alles ganz anders. Aber die gibt's bei Kreitleitners nicht. Es gibt dann nochmal den Kaffee und am nächsten Mittag bei der Hunderunde bis 3 Uhr in der Frühe ging das wieder in einem kleinen Städtchen da lebte einst ein Mädchen. Bei Hunderunden gelten ganz andere Ordnungen aber man lernt sich da kennen und bleibt dabei. Sowieso. Na bitte. Mal so mal so oder sowieso.

Glück gehabt

Ein Mann fiel aus dem anfahrenden Bus einer Frau direkt vor die Füße. Die hob ihn auf, trug ihn heim und putzte ihn schön raus. Das gefiel dem Manne und er blieb für immer in ihren Händen.

Ohne Titel

Ein Mann namens Müllermusel traf eine Frau namens Buselmeier.
Das war auf einem Bahnhof.
Von da ab fuhren sie gemeinsam zu einem Lyrikertreffen.
Und sie hatten zutiefst recht damit.

Frisch geweißelt

Josef Ziegeler ging vor sein Haus, vor sein Haus und setzte sich da auf eine Bank, die dort stand. Vom Ende der einen Straße kam ihm Franz Glockenfieder entgegen, der hatte gerade eine Kaffeemaschine für seine Frau gekauft, eine Kaffeemaschine für seine Frau gekauft.
In der anderen Straße hielt die Straßenbahn. Zwei stiegen aus, drei stiegen ein. Dann klingelte sie, wie nur Straßenbahnen klingeln können und fuhr weiter und fuhr weiter.
Es war unerträglich heiß, aber ein Luftzug ging drüber hin, drüber hin.

Der Engel der 7c
oder
Der Deiwel der Statistik
(Eine nostalgische Eloge für H. R. L.)

Nein, nein, kam keiner vom Himmel herab, auch keine diesbezügliche Erleuchtung dem Schulleiter, als er sich gezwungen sah, nach drei Jahren diese Klasse zusammenzulegen mit der 7a und der 7b – aus drei mach zwei –, alldieweil die Meßzahlen nicht mehr stimmten und alle Anträge auf Sondergenehmigungen abschlägig beschieden worden waren. Solches führte dann unausweichlich „zum Vollzug". Da war der Rechnungshof hinter! Und nachdem dieser die Schule in den letzten fünf Jahren schon zweimal heimgesucht hatte – auch keine Engel, auch keine Engel! – war diese irdische Realität dem Direktor näher als all seine himmlisch pädagogischen Wünsche ... (von den vehement vorgetragenen Entrüstungen der Eltern, mit denen er sich einig, aber nicht stark genug wußte, einmal ganz zu schweigen).
Waren das noch flügelstarke selige Zeiten gewesen, als einem der gesegnete Lauriensche Cognac bei einem fehlenden Schüler deren zwei leibhaftig vor dem Katheder erscheinen ließ (und ein Doppelter mitunter statt des einen sicherheitshalber auch noch deren drei) so wahr und wahrhaftig, daß nicht nur der liebe Gott sein Wohlgefallen an ihnen fand, sondern diese sogar die Statistik der Bezirksregierung (!) ruchlos überstanden und mit ihrem pädagogisch glücklichen Leben erfüllten – das waren Engel, das waren Engel!
Damals, als die Bildungspolitik für einige wenige Jahre eben viertes und nicht fünftes Rad am Wagen gewesen war, griff kein Deiwel in die Speichen und mochte anhalten oder gar zurück-

drehen, was sich da so auftat mit beschwingter Phantasie und realer Willenskraft, hoch auf dem gelben Wagen, auf dem sogar ein Bundespräsident das Singen nicht verlernt hatte. Zeiten? Zeiten! Engel? Engel! Aber: Wo sind sie geblieben? Sankta Laurissima – wo ist sie hin, unsere Fröhlichkeit?

Heute sitzt er da, der arme Schulleiter, schaut links, schaut rechts, schaut wieder in die Listen, dieselben Zahlen, Zahlen, Zahlen, schaut links, schaut rechts, schaut, wann der Rechnungshof kommt, dann – so eine spätgeborene Schluckaufidee –, ob nicht gar (Zufall, Zufall an der Wand!) einer der hohen Regierungshofbeamten eines seiner kleinen Kinder bei uns in der Schule hat (noch ein Schluck), vielleicht sogar in einer der Siebten! Das wäre ein Engelchen, weiß Gott; denn wer wollte schon die beziehungsreichen Chancen seines eigenen Kindes der allgemeinen Gerechtigtkeit und Finanznot der öffentlichen Kassen geopfert wissen?

Zu solch schäbigen Vorauskrediten ist die Phantasie eines Schulleiters nun ebenso in der Lage wie zu den vielen scheelen Blicken auf die Kollegen der Nachbarschulen: wie und ob und mit wessen Mitwisserschaft und wann ein Odysseus sich denen vielleicht listenreicher erwiese als unsereinem, so daß sich dort Vollzugsnotwendigkeiten leichter kaschieren ließen. Vielleicht, vielleicht aber stellte sich zum realen Schuljahresbeginn auch noch ein glücklicher Zugang ein, ja – ein Zwillingszuzug aus Hamburg oder sonstwoher, der justament in unsere Schule wollte und in diesen Jahrgang müßte . . . (und der die Listen wieder in Ordnung brächte).

So war's dann auch: Man hält's nicht für möglich, man hält's nicht für möglich! Zwillinge kamen zum Anfang der drei Achten und sorgten für die Erhaltung jahrelang gewachsener Gemeinschaften und den Lohn sechs schlafloser Sommerwochen des Schulleiters, der gepokert hatte . . .

So sehen Engel heute aus: wirklich hienieden geboren, bereit da

aufzutauchen, wo ihre bloße Anwesenheit schon Freude stiftet. Sicher, man vergißt sie bald wieder, denn gar zu schnell sind sie einige von uns, unter uns, sind neben uns, mit uns, so daß sich bald niemand mehr ihrer segensreichen Tat entsinnt, zu allerletzt sie selbst, deren Eltern wahrlich nicht wußten, was sie taten, als sie ihre Kinder am ersten Schultag des neuen Schuljahres beim Schulleiter vorstellten und anmeldeten. Wen schon interessierte es dann noch, wenn justament vier Wochen danach, genau ein Tag nach dem Stichtag der ABC-Listen zwei andere Schüler aus dem Jahrgang austraten . . . Jetzt: Sei's drum! Und: Na dann prost! dachte der Schulleiter, und er war nicht sicher, welcher Nachbarschule diese zwei vielleicht jetzt noch den couragiert erschwindelten Klassenerhalt garantierten . . . Und bei diesem Gedanken ging ein spürbar wellenartiger Luftzug durch sein Zimmer, obwohl alle Fenster fest verschlossen waren . . . Doppelflügelfenster, hinter deren Glasscheiben ein japanischer Trompetenbaum jeden Frühsommer seine wundervollen lila Blüten trieb, von denen der Schulleiter alljährlich mehrere sammelte und Kindern schenkte, die achtlos an ihnen vorübergingen, ja vielleicht sogar auf sie traten, in der Eile, die die Schulglocke in ihnen auslöste . . .
Ach – was sind das für Zeiten, wo die Gefühle für Baumblüten schon bei Kindern von Zeitzeichen verdrängt werden!

Das Dampfbad
oder
Die klassische Bildung

Als er die Nase so richtig voll hatte von dem Scheißgeschäft, aber natürlich nicht davon lassen konnte, die vielen Posten weiterhin ein- und die Wählerherzen wie die Vorstandskassen zünftig auszunehmen, brach ihm erst einmal, bald öfter, dann für immer der Schweiß aus. Nachdem er solchermaßen in dem ständig körpereigenen Dampfbad seiner Überforderungen Ausschau hielt nach einer tragfähigen moralischen Basis dieses verwässerten Zustandes, fiel ihm seine Gymnasialzeit wieder ein, und er dachte: Es ist der Geist, der sich den Körper baut! Das fiel ihm da ein. Auf den Satz da steht er jetzt, den spült kein Schweiß mehr runter.
Na ja, und da schwitzt er nun erfüllterweise weiter, wahrlich ein Marquis der ITC-Züge zwischen Sitzungen über die EG-Schweinemastnormen und Wahlkreiströsterchen am Wochenend.

Eine gelungene Stunde
(Aus den Tagebüchern des Lehrers Paule Kopka)

Einmal, als ich in der 6. Stunde noch in die 7b mußte und gar keine Lust mehr hatte, setzte ich mich einfach vorne hin, rücklings aufs Pult, und sagte gar nichts und schaute die verdutzte Menge nur unverwandt an, grad ein, zwei Minuten, so lange, bis es denen zu bunt wurde und der erste Kicher rausplatzte. Da hob ich meine rechte Hand mit umfänglicher Gebärde zum Kopf, öffnete dort eine kleine Tür, und heraus flogen ein halbes Dutzend prächtig gefiederte Zaunkönige, einer schöner als der andere . . .
Die Schüler erstarrten für wenige Sekunden, dann brüllten sie los und gingen über Tisch und Bänke, sie liefen, sprangen, rannten und flogen schließlich den Vögeln nach . . .
Da stand ich auf, öffnete alle Fenster und dachte: Das ist eine gelungene Stunde.
Nur einer saß da, still und weise, viel zu weise für sein Alter, hielt den Kopf gestützt in beide Hände und ließ ihn fortan nicht mehr los.
Später hat der dann Biologie studiert, eine neue Systematik der Vögel begründet und sie alle wieder eingesammelt. So sitzen sie jetzt flügellos herum in den Stunden des Biologielehrers, jeder an seinem Ort, und keinen reißt es mehr vom Stuhl.

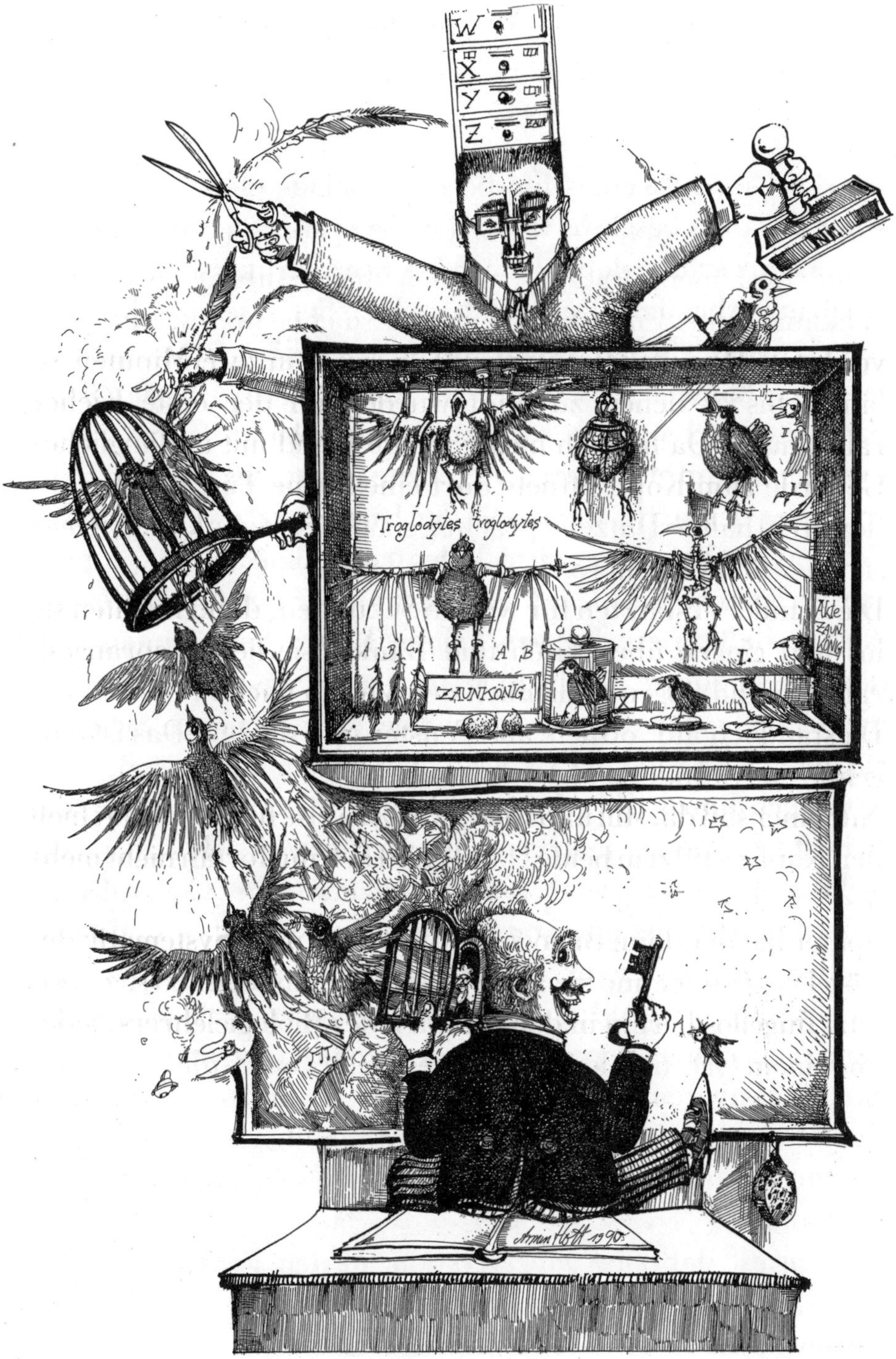
W
X
Y
Z
Troglodytes troglodytes
ZAUNKÖNIG
Akte ZAUNKÖNIG

Der General

Als der General keine Moosbeermarmelade mehr zum Frühstück bekam, beschwerte er sich beim Minister für Außenhandelswirtschaft, daß er keine Moosbeermarmelade zum Frühstück mehr bekäme. Das traf denselben tief in seiner Ehre und seinem sonntäglichen Ruhebedürfnis. Wir können es uns nicht leisten, erklärte er tags drauf dem Präsidenten der Republik im Kabinett, ein Land ohne Moosbeermarmelade zu sein. Dieser ordnete daraufhin sofortigen Vollzug an, zumal eine Blitzumfrage ergeben hatte, daß 63 % der Bürger stolz waren auf das Zeichen der Moosbeermarmeladenfrucht im Nationalwappen. Ich verspreche Euch, erklärte er in einer Ansprache an die Nation, daß unsere Jungens keinen Tag länger kämpfen werden, als es nötig ist, um die Ehre der Nation wiederherzustellen, die derzeit auf den Moosbeermarmeladenfeldern zu Schaden gekommen ist! Und der General, der an seiner Seite saß, fügte dem noch hinzu: Es geht ums Ganze! Jaaaaaa schrie da die Frühstücksnation, jaaaaaa . . . und freute sich dabei, wie wohltuend ein anhaltend offenes a sein kann. Der General aber setzte seine Truppen in Marsch, seine Schiffe in See und seine Kampfgeschwader in Luft. Ihm zur Seite standen die Fleischermeister und Hotelköche, die ihren Wildedelbraten nicht mehr mit Moosbeerfrüchten garnieren konnten, und die Konditorenvereinigungen, denen die Grundierung für den Boden der Nationaltorte über Nacht abhanden gekommen war. Es geht um unsere Moosbeermarmelade, schrieb die Tribüne des Landes.
So kam es, daß eine ganze Nation in den Frühstückskrieg zog. Und während die einen draußen auf den Moosbeermarmeladenfeldern entschlossenen Herzen zuschlugen, schal-

tete man daheim das Frühstücksfernsehen ein und ließ sich die gut abgeschmeckten Bilder des Hoffens und Grauens zu Herzen gehen. Zwischen Schauer, Schummer und Schreck waren alle so richtig schön dabei, die die ewige Frühlingsmorgenblütentraumreklame ihrer Sendeanstalten im Grunde schon lange satt hatten. Der Moosbeermarmeladenkrieg erwies sich so schon vor Ausgang des Schlachtgeschehens als ein voller nationaler Erfolg. Abzüglich der paar eigenen und ungezählten fremden Toten konnte man in der Tat recht zufrieden sein mit dem Ergebnis. Der General entließ seine siegreichen Truppen mit den Worten: Diese sieben Wochen der Aktion Moosbeersturm werden das größte Erlebnis Eures ganzen Marmeladenlebens bleiben. Es ist einmalig und wird uns nie wieder geboten werden!

Nun gibts wieder Moosbeermarmelade zum Frühstück. Kenner behaupten, sie schmecke jetzt noch besser als zuvor. Auch dem General.

Eine Kafkageschichte

Er solle nicht immerfort Kafka lesen mit den jungen Menschen, sagte sie, die Schule müsse positive Leitbilder vermitteln, nicht diese dunklen Labyrinthe menschlicher Ausweglosigkeiten, die nur ein krankes Hirn sich ausdenken konnte.
Kafka schrieb, soweit er's übersehe, einfach und deutlich, man könne es nachlesen, eine bestechend klare Sprache, der die Welt seiner Erfahrung nichts Gleichwertiges anzubieten hatte. Ob sie's heute biete? Da müsse erst noch einer kommen und sie solchermaßen beschreiben, vorerst aber weigere er sich, die vorhandenen Gebrauchsanweisungen der Konsumgesellschaft als Lektüre in einer Unterprima zu akzeptieren, bzw. – sollte sie an ältere literarische Epochen denken – das Welt- und Selbstverständnis der Klassiker oder gar der Romantiker derart zu prostituieren, – die man übrigens ebenfalls gelesen habe, und warum sie denn nicht damals gekommen sei . . .
Da verschlugs ihr die Sprache. Sie ging, holte Hannibal und seine Elefanten und trampelte ihn mit deren Hilfe rücksichtslos nieder, als er die Schule verließ, 13^{10} Uhr, und wenn sie ihn dann wieder traf, in der Stadt oder auf einer Elternversammlung, sagte sie Grüß Gott und tat so, als ob nichts gewesen sei.
Es hatten das aber viele Leute gesehen und sich da rausgehalten, weil sie ihren Augen nicht trauten. Nur ein Gerichtsassessor träumte von dem Prozeß, den der Lehrer anstrengte gegen Hannibal und den Mißbrauch von Tieren außerhalb pharmazeutisch klar geregelter Gesetzesbrüche. Aber am nächsten Morgen sagte er laut und vernehmlich „Pah!" und wischte das alles mit einer Handbewegung weg. Der Lehrer fiel ihm fortan nicht mal mehr im Traume ein.

Der Roman
Eine Gebrauchsanweisung

Ein Schriftsteller, noch jung und unerfahren, aber hoch talentiert, schrieb, was das Zeug hielt. Es wurde ein Roman daraus, 2 847 Seiten. Der Verleger sagte: Ein großer Wurf, aber zu lang. Andere Verlage sagten auf andere Weise dasselbe. Da begann er zu kürzen. Jedes Jahr sandte er eine um ca. 100 Seiten gekürzte Fassung an den Verlag. Ergebnis: Immer noch ein großer Wurf, aber immer noch zu lang. So ging das sage und schreibe 25 Jahre. Dann wurde das Buch gedruckt. Der Autor war gerade 50 Jahre alt. Er erstand ebenso viele Exemplare zum Autorenpreis, schickte 25 davon seinen 25 Freundinnen und fuhr ein Jahr an die See. Als er wiederkam, studierte er die Kritiken. Übereinstimmend bescheinigten ihm die maßgeblichen Blätter einen großen Entwurf, der aber entschieden zu kurz geraten sei. Das Verlagslektorat, inzwischen neu besetzt, schlug eine erweiterte Fassung vor. Da ging der Autor drei Tage lang am Neckar spazieren, anschließend schrieb er den Roman fort, indem er an verschiedenen Stellen Ergänzungen und Einschübe vornahm. Die um 100 Seiten, d. h. ein Viertel seiner veröffentlichten Ausgabe vergrößerte Fassung fand die gleiche Zustimmung der Kritik und deren gleiche Einwände: zu schmalbrüstig für den spürbaren Atem eines großen Romans. Der Autor erweiterte abermals, der Verlag druckte die wieder um ca. 100 Seiten erweiterte Fassung. So ging das noch 23 Jahre. Als dann im 77. Lebensjahr des Autors 25 erweiterte und gedruckte Fassungen des Romans vorlagen, wurde die Endfassung von der Kritik als ein Jahrhundertwerk gefeiert und mit Preisen überschüttet. Der Autor erstand 26 Exemplare, schickte 25 davon seinen nämlichen Freundinnen und fuhr mit dem verbliebenen für ein

Jahr in die Berge. Als ich ihn in der vorigen Woche dort traf und ihm vorschlug, mir die Story der Romanentstehung zu verkaufen – kein sonderliches Ansinnen, wie Literaturkenner bestätigen werden, in einer Zeit, in der dem gelungenen Buch wie oft die verkaufsträchtige Entstehungsgeschichte „hinterhergeschoben" wird, die sich nicht selten als die interessantere entpuppt! –, war er sofort einverstanden.

Noch am selben Abend erzählte er mir, daß er beim Kürzen des Romans wie folgt vorgegangen sei: Mit seiner Freundin sei er Tag um Tag – mit Zwischenpausen versteht sich, in denen sie sich Ruhe, Erholung und mancherlei Vergnügungsbummeleien leisteten – das Gesamtwerk durchgegangen, d. h. er habe es vorgelesen und sie jeweils Kürzungsvorschläge einbringen müssen, – was – wer sich mit Literatenfreundinnen auskennt, weiß dies – kein Leichtes ist, alldieweil diese wie oft der Schnelligkeit des Verfahrens den Vorrang vor dessen Sorgsamkeit geben, welche sie viel lieber (was in der Natur der Sache liegt) anderen, zugegebenermaßen literaturferneren Aspekten der Beziehung widmen, die dann alles andere als schnell sein sollen.

Aber insgesamt sei dies eine zufriedenstellende Methode, das Leben mit der Kunst zu versöhnen, ohne den künstlerischen Impetus nachhaltig zu schädigen.

Hinsichtlich des literarischen Produktionseffektes habe dies Verfahren jedenfalls im ersten Jahr eine immerhin 100seitige Kürzung des Gesamtwerkes erbracht.

Wenn man bedenkt, daß davon 372 einzelne der insgesamt 2 847 Manuskriptseiten betroffen waren, wird man die Verläßlichkeit des Vorgehens nicht in Abrede stellen können.

Ob schließlich sein Übermaß anhaltend intensiver Wechselsprünge zwischen den beiden Brennpunkten ein und derselben eliptischen Beziehungsstruktur seines Daseins der Grund dafür gewesen war, daß die Freundinnen es nie länger als ein Jahr bei ihm aushielten, bleibt unbeantwortbar wie das Leben selbst. Jedenfalls ergab es sich so, daß einer neuen künstlerischen Produktionsphase, das hieß in dem Falle stets weiteren Kürzungen des Vorhandenen, eine jeweils neue Beziehungsphase seines von uns journalistischen Kommentatoren so genannten Privatlebens entsprach. Eine immer neue Frau bestimmte eine immer neue Kürzung, und dies nach dem ersten Durchgang noch 24mal mit 24 wechselnden Frauenjahren des Autors. Eine jede bekam zum Ende des Jahres und ihrer Beziehung die jeweils herausgekürzten und sodann herausgeschnittenen Manuskriptzeilen/seiten geschenkt, (mit Widmung, versteht sich) so daß er diese wie jene gleichermaßen los war, bevor die nächste kam und die Folgekürzungen mitnahm und wieder die nächste und wieder und wieder und so weiter und so fort, bis er in seinem 50sten Lebensjahr mit dem gedruckten Werk von 267 Seiten dastand und sonst nichts, keine Zeile und kein Jota Literatur (seines grandiosen Frühwerkes!) mehr in der Hand hatte.

Aber 25 Frauen, für ihn nunmehr verstreut in der Weltgeschichte, wenn man so sagen darf, schleppten jeweils einen Teil seines früheren Lebens mit sich herum oder bewahrten es irgendwo auf. Nicht wahr, vielleicht würde er doch nochmal berühmt und seine originalen Manuskriptseiten was wert . . . Andererseits: Wer weiß, vielleicht habe die eine oder andere ihm vormals treu Ergebene, mein Gott, vielleicht sogar alle, das ihr/ihnen Gewidmete weggeworfen samt den Erinnerungen an ihn . . . im ersten Jahr nach der Trennung vielleicht täglich, solange der Vorrat reichte, einige zerknüllte Zeilen den Flammen oder dem Meer übergeben, die sie zuvor täglich, ein Jahr lang mit ihm herausgefiltert hatten und die er ihnen gewidmet und ein für allemal für die Kunst gelöscht und in Leben aufgelöst hatte –? Mein Gott, zu welch Glück vermag selbst weggeworfene Kunst sich noch zu verdichten, rief er da in den Bergen aus!

Als dann der Verleger ein Jahr nach dem Erstdruck ihm eine erweiterte Fassung abzuringen suchte – naja, der Kundige ahnt den Fortgang der Geschichte: In einem jeden der nun folgenden Lebensjahre suchte er eine der Freundinnen wiederzufinden, in rückläufig geordneter Reihenfolge, versteht sich, sonst stimmten ja erstens die Einpassungen nicht, und zweitens hätte dies die menschliche Lebensordnung in seiner zweiten Daseinshälfte in eine vor allem ihr selbst abträgliche Unordnung gebracht.
Was sich anfangs noch leicht und hoffnungsvoll in der Bemessenheit überschaubarer postalischer Schritte und seelischer Gebärden anließ, uferte natürlich zusehends aus: – Man bedenke die Abenteuerlichkeit des Unterfangens! Die phantasiereiche Weite der Möglichkeiten von Erkundungen und Begegnungen! Von Wiederbegegnungen auf den verschlungenen Pfaden des Hoffens wie des Scheiterns, des Glückes und des Sturzes! Diese ganze Geometrie erwartungsvoller Ängste, die sich da in den rückläufigen Spiegelungen eigenen Lebens Jahr um Jahr auftut, in altgewordenen Gesichtern, Gesten und Wortwürfeleien ehemals jugendlicher Unbekümmertheit! Ein Abgrund dies alles, und ein schlechtes Theater am Rande entglittener Metaphern eines an sich ruhigen und frommen Menschenalters, das sich ja immerhin, hier und da, hätte auch sein können: diese Nun-sagt-der-Landmann-Es-ist-gut-Sätze, die uns ausfüllen könnten, damit wir wüßten, was wir gewollt hatten . . . Es war schon ein Unternehmen –: diese ganze Wiederaufbereitung eines vormals Gewesenen, die Kunst des Ansammelns längst verlorenen Flechtwerkes, das vielleicht doch noch einen Korb ergäbe, – aber dann nach kärglichen Frühstücken und ersten spröden Telefonaten wie oft eben doch nur einen matten Austausch über Gelenkabnutzungen, rheumatische Beschwerden, arthritische Prozesse und die entsprechenden Pharmaka erbrachte . . . Aber er habe um der Literatur willen eben daran festhalten müssen, zumal das ganze

für diese zweite Lebenshälfte von ihm in Angriff genommene literarische System der Auffindung früherer lebenslanger Auslassungen nicht minder intellektuellen Reiz bot wie das literarische Kürzungssystem der ersten Lebenshälfte zugunsten des Lebens selbst. (Von der nach wie vor erhofften Aussicht auf einen spektakulären Erfolg im Literaturbetrieb einmal ganz abgesehen.) So poliere der Mensch in späten Tagen all die metaphorischen Medaillen literarische Handelns wieder auf und prüfe sie in den wechselnden Lichteinfällen spätherbstlicher Sonnenuntergänge, in denen nachlassende sommerliche Leidenschaften in winterliche Sinnstiftungen überführt werden wollen. Und nur wenigen sei dabei die Auffindung originärer jungschöpferischer Zeugnisse möglich gewesen wie ihm.
Er habe, was die Realität des literarischen Findens anging, Glück gehabt: nur eine Auslassung sei nicht mehr aufzutreiben gewesen, aber alles andere habe er schön schwarz auf weiß wieder eingebracht, freilich oft erst im vierten oder fünften Ansatz detektivischen Spürsinns bei manch verdutzten Kindern und Enkelkindern, auf Speichern, in alten Pappkoffern, beim Gemüsehändler eines Ostseebades oder als Tapetenhintergrund einer Stehbierkneipe, in der Künstler verkehrten, immerhin, dann und wann . . . So sei es gewesen, so war es gewesen, und warum er sich das alles in geschlagenen viereinhalb Stunden still angehört habe, so interessant sei es ja nun auch wieder nicht, aber eine Story, eine Story gäbe das wohl schon ab. Ob er ihm alles mal in einer Anzahl von Wochenlieferungen aufschreiben und schicken solle!

Mir hatte es die Sprache verschlagen, nicht ob der Story, die er mir da als die Entstehungsgeschichte seines Romans verkaufen wollte, sondern ob der Unverfrorenheit und Selbstverständlichkeit, mit der er mir die Fabel der Endfassung seines großen Romans, den ich ja gelesen hatte, als dessen Entstehungsgeschichte servierte, bzw. glaubte andrehen zu können. Oder schätzte ich ihn da völlig falsch ein?

Das heißt, ich hatte schon bald nach Beginn seines Berichtes den Verdacht, daß er vielleicht selbst gar nicht mehr unterscheiden könne zwischen Geschichte und Entstehungsgeschichte, was mich freilich nicht weniger beunruhigte als die zwischenzeitliche Überlegung, ob denn diese beiden nicht in einem seltenen Falle wirklich identisch sein könnten. Dies allerdings legte für Roman und Autor die Annahme nahe, hier habe einer in seinem 25. Lebensjahr ein grandioses Werk vorlegen können, in dem er ebenso genau wie phantasiereich sein gesamtes Leben, ja, vorausgeahnt, – bestimmt, jedenfalls vorausgeschrieben habe, um nachher die Erfahrung zu machen, genau so, genau so verhalte es sich, bitteschön, und zwar nicht nur in den von ihm in Freiheit beeinflußbaren Entscheidungsbereichen . . . Wäre dies aber nicht ungeheuerlich? Wie hält dies ein Mensch, der ja doch nicht unter Gespenstern lebt, aus? Er müßte selbst ein Gespenst sein, dachte ich mir, ein Gespenst, das schreibt. Und das sich dann selbst als Geschriebenes begegnete in einer fürwahr gespenstischen Welt, die dann die unsere wäre . . .

Man stelle sich das einmal vor: Ein Gespenst, das schreibt. Das auch schreibt, daß es schreibt. Es sieht sich im Geiste aber auch selber schreiben, daß es schreibt, und kann auch sehen, wie es sieht, daß es schreibt. Es schaut sich schreibend und auch sehend voraus. Und es erinnert sich schreibend und sehend, daß es schrieb, wie es vorausschaute und sich erinnerte, sich schreibend vorauszusehen und sich zu erinnern, geschrieben zu haben, während es sich schreiben sieht, daß es sich erinnerte, sich schreibend gesehen zu haben. Es könnte sich auch vorstellen, wie es schriebe, daß es schon geschrieben habe, daß es sich vorstellen würde, wie es schriebe, daß es geschrieben habe, daß es sich vorstellte, wie es schriebe, daß es sich habe schreiben sehen, daß es schriebe.

Ich gebe zu, man gerät ins Strudeln, wenn man sich auf Gespenster einläßt. Aber überprüfen Sie selbst diesen Text, Sie werden sehen, er entbehrt nicht der geordneten Rationalität unserer grammatikalischen Logik. Er stimmt. Aber ist das nicht geradezu das Gespenstische?

Wenn dem aber so ist, warum sollte ein Mensch nicht sein Leben vorausschreiben wollen und können, um im vorhinein in Erfahrung zu bringen und sich darauf verlassen zu können, daß er so denken und leben werde, wie er denkt, daß er denken und leben werde, wenn er denkt, wie er denkt, daß er denken wird! Und warum sollte das nicht klappen?

Ich gebe zu, ich ersann, als mir dies alles so in den Sinn kam, alles Mögliche, um der Vorstellung zu entkommen, einem leibhaftigen Gespenst begegnet zu sein, und ich schwöre, daß ich mir vorher nie ausgedacht hatte, einmal einem Gespenst zu begegnen . . .

Die Geschichte vom fliegenden Ofenrohr

Ein Ofenrohr löste sich eines Tages aus seinen Verankerungen. Nach 30 Jahren treuen Küchendienstes, so dachte es sich, will ich auch mal was anderes von der Welt sehen als immer nur Rauch und Feuer. Anderen Blechen, so erinnerte es sich seiner frühen Kindheit, war Schöneres beschieden gewesen, und wenn man bedenkt, daß ein Ofenrohr zwar nicht so schnell altert wie ein Hund, denn ein Hundejahr entspricht ja bekanntlich sieben Menschenjahren, aber immerhin noch doppelt so schnell wie der Mensch, dann wird man leicht begreifen können, daß ein 60jähriges Ofenrohr, bevor es vielleicht auf dem Schrottplatz landet, noch etwas haben möchte von seinem Leben.
Wehmütig dachte es an die Abblendbleche an der Außenkante von Schornstein oder gar an die alten Windfangblenden über den Schornsteinöffnungen, die sich im Winde zu drehen vermöchten und ein Leben lang Ausschau halten konnten weithin in die Landschaft. Aber unser Ofenrohr hatte etwas anderes im Sinn: Zeitlebens pfiff der Wind durch seine Röhre, – nun wollte es das Rohr wissen. Es flog schnurstracks zu seinem Schornstein hinaus (der nicht schlecht staunte, wie man sich denken kann), über die Dächer und Dörfer der Oberrheinebene hinweg, über Weinberge, Kornfelder, Zuckerrüben- und Gemüseanlagen, Spargelbeete, Waldstücke und die alles verbindenden Verkehrsstraßen hinweg in die große Industriestadt am Rhein, meldete sich dort sofort beim Konzertmeister der Philharmonie und verlangte die Eingliederung in die Abteilung der Blechblasinstrumente. Das sei schon immer sein unerfüllter Traum gewesen.
Dem Konzertmeister blieb die Spucke weg. Erst einmal. Aber

Konzertmeister sind ja einiges gewöhnt –, man möchte nicht glauben, was die sich so alles anhören müssen von den Kritikern, dem Publikum oder so manchem Galagastdirigenten, der nicht minder entschlossen und kurzfristig einfliegt und auftritt wie dies Ofenrohr hier, das obendrein fürstlicher Abstammung, nämlich aus dem Hause derer von Olsberg war. Allerdings gehörte Alois Leberkühn zu den wenigen Konzertmeistern im Land, die wußten, daß dem Musikbetrieb unserer Tage ohnehin nur mit atonal abgründigem Humor beizukommen ist. Also sagte er: Na – denn blasen Sie mal vor! Das ließ sich das Ofenrohr nicht zweimal sagen. Es brachte die Stimmhöhen seiner zwei Anschlußwinkel in Position, schraubte den einen noch ein wenig nach links, um das vermutete Druckgefälle in dem gut isolierten Raum des Konzertmeisters auszugleichen, schüttelte sich einmal kurz, holte tief Luft – und blies aus vollem Rohrherzen einige Windläufe rauf und runter, und kontrapunktisch querfeldein, bevor es sich schwierigen Tonstücken zuwandte, so wie sie in hellen Sommernächten durch trockenes Geröhr zwieseln oder an nassen Novembertagen in rauchigem Grundtongewebe hinterzart verschloten.

Dann blies es einen der ausgesprochen vielseitig angelegten, aber klassisch harmonisierten Tieftonteppiche, wie es sie in langen Kohlennächten seines Lebens ersonnen und insgeheim den waldnahen Köhler- und Freischützherzen gewidmet hatte. Dieser verband die Stille und verschlungene Abgründigkeit nächtlichen Gehölzes mit einem Maße musikalischer Annehmlichkeit, daß selbst Alois Leberkühns verwöhntes Gehör ihn wie eine zur rechten Zeit erschienene Erleuchtung empfand, die geeignet war, allen postmodernen digitalen und elektronischen Tonzaubereien ein für allemal abzuschwören. Ihm war, als fiele der Welt Urton über ihn her, bzw. in ihn ein, so daß er endlich wieder ahnte, worauf man stehen, bzw. musizieren könne.

Als schließlich das Rohr von Olsberg, das sich angesichts dieses

·OPUS OFENROHR·

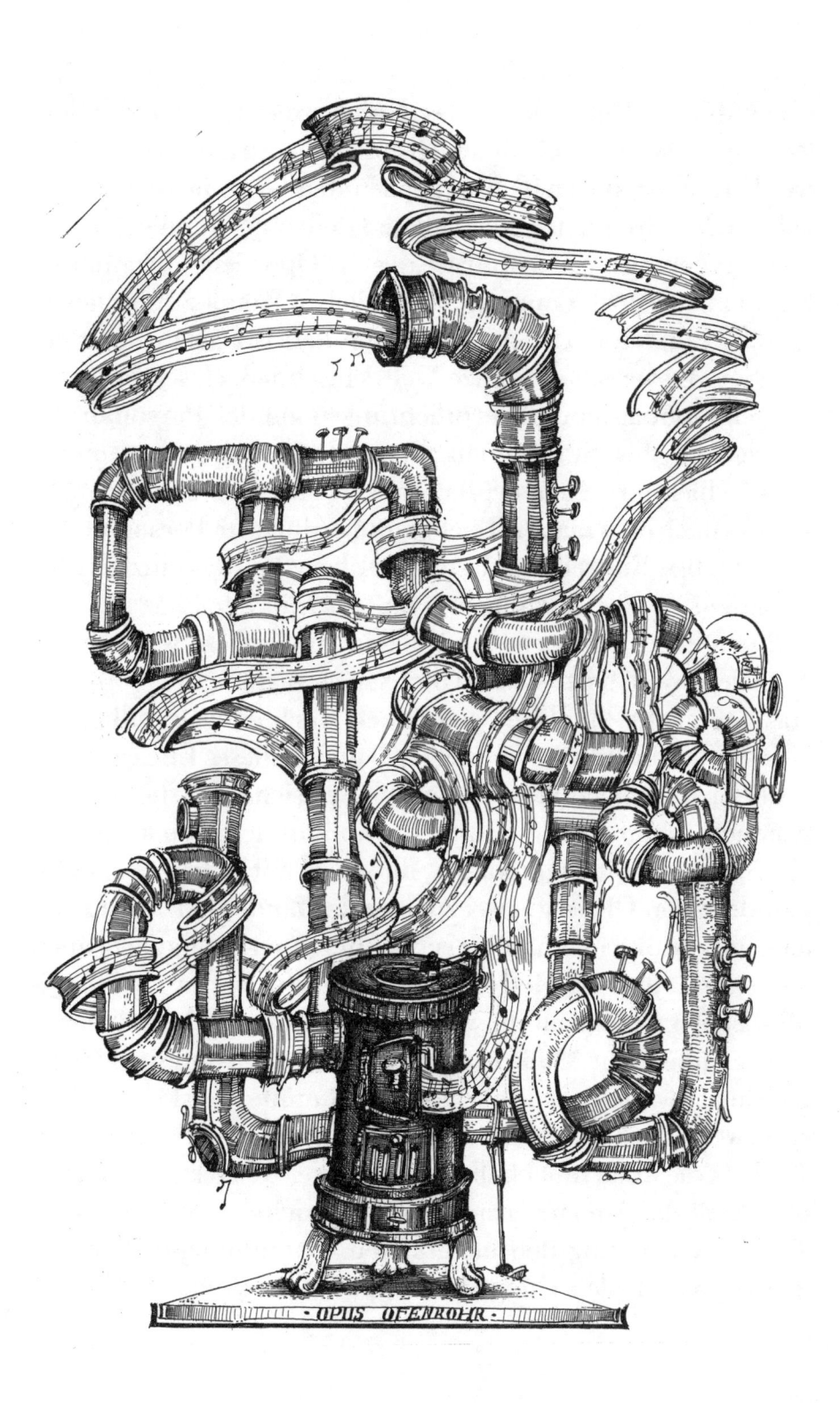

erkennbaren Entzückens des Konzertmeisters zu Sonderleistungen motiviert fühlte, noch einen obendrauf setzte und in weichen, aber klaren Tonsequenzen den Grundliedrhythmus von „Ach weh, mir unglücklichem Ofenrohr" intonierte, eine überaus gelungene Paraphrase des 21. Opus jenes berühmten Komponisten an der musikgeschichtlichen Wende zur Moderne des 20. Jahrhunderts, da war es um den Konzertmeister geschehen. Er vergaß die ganze Welt, einschließlich seiner längst fälligen Montagsmorgenverpflichtungen mit der Personalratsvertretung des Staatlichen Orchesters, wo es um einige unaufschiebbare Neuverpflichtungen ging. Er griff schnurstracks nach dem blauen Telefon und ordnete im Personalbüro die sofortige Einstellung des von Olsberg an, des einzigen Instruments, wie er formulierte, das noch in der Lage sei, den Welturton zu erzeugen, und genau das sei es, worauf der vergleichsweise triste Konzertbetrieb gewartet hatte.

Das Ofenrohr strahlte, sein noch verbliebener silberner Wandrundumstutzen leuchtete hell auf ob dieses Engagements in der Tiefblasblechbläsergruppe, so daß sich selbst die Soprantrompete schon putzen mußte, um konkurrieren zu können.

Man wird eingestehen müssen, daß hier, mit Alois Leberkühn und dero von Olsberg, zwei zueinander fanden, die ein Leben lang unbewußt voneinander geträumt hatten. Es dauerte auch nicht lange, und die Tiefblasblechbläsergruppe der rheinland-pfälzischen Philharmonie verfügte als erstes Orchester seines Ranges über eine Ofenrohrgruppe, die nicht nur in bislang unerhört neuartiger Intensität altbekannte Werke wie beispielsweise die Fünfte (insbesondere ihren dritten Satz) anging, sondern die auch innerhalb von nur zwei Konzertsaisons drei neue Symphonien zur Uraufführung brachte, von denen zwei allein je einen Satz den meditativen Grundtonteppichen der neuen orchestralen Ofenrohrgruppe dieser Philharmonie gewidmet hatten. Für Kenner der modernen Symphonik: Leo Slatineczaks 4. Symphonie, die sogenannte Windbrüchige, und Ibrahim Rihms, eines Vetters des vormals gleichermaßen bekannten Komponisten konzertante Symphonie für klassisches Orchester mit Spezialhörnern und einer Bogenrohrgruppe. Und für die nächste Saison hatte Alois Leberkühn bereits die Teilnahme an einem zweitägigen Programm im Rahmen der Donaueschinger Musiktage zugesagt, das eigens der modernen Rohrmusik gewidmet sein würde.

Dort selbst, dort selbst wird dann auch die Geschichte jenes Ofenrohres enden, daß nach 30jähriger Pflichterfüllung ausgeflogen war, um seinen lebenslangen Traum zu verwirklichen, denn längst, längst ist es vom Musikbetrieb in einer Weise akzeptiert und eingespannt in ein Netz von Übungen, Anstrengungen, Verpflichtungen, Erwartungs- und Erfüllungshaltungen und den ach so neunmalklugen Reden drüberhin und drüberher, daß es ernsthaft daran denkt, sich zurückzuziehen aus der anstrengenden Realität verwirklichter Träume, um in einem Museum für Musikinstrumente (München? Schwabenoberdollsdorff?) seinen beschaulichen Lebensabend zu verbringen. Wer hätte das gedacht?

Freilich, freilich einen Wunsch bringt es da noch mit in den Museumsabend: Es möchte seinen Platz als Verbindungsrohr einer der dort noch aufgestellten alten Kanonenöfen einnehmen, die in strengen Wintern von den Museumsdienern als zusätzliche Heizquelle befeuert werden, um die für die Erhaltung der oft empfindlichen Musikinstrumente notwendige Temperatur zu garantieren. Da hörte es dann obendrein die Melodien seiner Kindheit wieder, wie sie sich im Kamin verfangen und verfugen, hinauf- und hinunterheulen, jaulen, zischen, säuseln oder gar winseln und wie sie, so schiene es ihm, all das überdauerten, was da an zivilisierter Melodik sich in die Erwachsenengeschichte der Menschheit hineingespielt hatte.

Und ein Gleiches müßte Alois Leberkühn überkommen haben, nachdem er seine letzten Berufsmusikerjahre zunächst einmal noch damit verbracht hatte, dorfauf, dorfab nach alten verträumten Ofenrohren Ausschau zu halten, weil ein südamerikanischer Komponist ihm eine Oper für ein Orchester mit 465 Musikern (davon allein eine Gruppe von 75 Ofenrohrbläsern!) zur Uraufführung angeboten hatte. Er gab alles auf und mietete sich genau in jenem Dorf eine alte Küche mit Zimmer, aus der das Ofenrohr einstmals ausgeflogen war. Dort verbrachte er seinen Lebensabend in zwei Räumen, in denen er winters noch die Geräusche seiner Holz- und Kohlenheizung hörte. Und an Sommerabenden, wenn keiner ihn sah, legte er das Ohr ans Rohr des Küchenofens, wenn ein leichter Nordost die Töne einer Urtonleiter hereinbrachte, die um die Welt flogen. Was er da alles hörte, kann hier und auch andernorts in keiner Sprache mehr vermittelt werden.

Heiliger Bimbam

Immer, wenn die Birke abends mit dem Walnußbaum telefoniert, ist bei mir die Leitung gestört. Meistens ist dann so'n Rauschen drauf, obwohl sich zu der Zeit der Wind längst gelegt hat und die Blätter sich kaum mehr bewegen. Ich hatte schon die Störungsstelle da. Die haben aber nichts gefunden. Kunststück, die nehmen einfach das Ding auseinander, klopfen hier und da mal ran, telefonieren mit der Zentrale und sagen dann: Nee, nischt zu finden. Dabei ist das ganz eindeutig: Immer, wenn die Amsel abends am äußersten Ende des Dachfirsts sitzt und Stille Nacht, heilige Nacht singt, – auch so'n Ding, die Dämmerung beginnt ja erst – pfeifts bei mir in der Leitung.
Ich sollte mich erstmal eindeutig festlegen, sagten die zwei Postler, ob's nun rauscht oder pfeift. So'n Quatsch, nicht wahr. Hab' ich denen auch gesagt. Zum Beispiel: Wenn um 18⁰⁰ Uhr die Glocken von St. Otto herüberläuten, rauschts nicht und pfeifts nicht. Da bimmelts dann einfach bim bam bim bam bim bam. Da sagten die, ein Telefon, das bimmelt, gibts nicht. Da kann ich ja nur lachen. Jedes Telefon bimmelt doch, sagte ich denen, die Frage ist nur, ob's dich dann noch an sich ranläßt. Neulich verbat sich meins jeden artfremden Kontakt, wie es sich ausdrückte, und telefonierte selbst mit dem grünen Apparat der Nachbarin. Na, ist das vielleicht eine Art: hier telefoniert jeder mit jedem wanns ihm paßt, der Walnußbaum mit der Birke, die Amsel mit dem lieben Gott und der orangerote Apparat jetzt mit dem grünen, und ich kann bitten und betteln, daß er mich überhaupt mal ranläßt. Komm Tele – komm, bettelte ich neulich, aber nichts da, er telefonierte selbst. Tja, frage ich Sie, zahle ich denn meine 24 Vergißmeinnichtachtzig monatlich für die Katz? Die soll doch gefälligst ihre nächtlichen Jaulereien

selbst finanzieren, nicht wahr, schließlich bin ich doch nicht ihr Telefax – oder? Aber da rief wieder der Tierschutzverband bei mir an und verbat sich diese Ausflüchte. Schriftstellerei, na gut, sagte die Frau da, das sei nicht ihre Sache, aber sich auf Kosten der Katze aus einer Geschichte herausstehlen, das ginge doch eindeutig zu weit. Eindeutig, da haben Sie überhaupt nichts verstanden, sagte ich, und bot ihr an, drei alte Hunde in Pension zu nehmen, wenn Sie mir die gradwegs durch die Leitung schicken könnte.
Jetzt sitze ich da mit Paulchen, Renza und Arco vom Wäldchen. Na ja, das ist erst ein Ding: alle mit eigener Nummernwahl und geruchspezifischem Funktelefon. Das Neueste von Schwarz-Schilling. Da lachste dich kaputt: Unten pinkeln sie den Baum an, und oben ruft der Kuckuck. Da erhöhen sie dann wieder mal die Gebühren (oder auch nicht oder auch ja oder auch nicht oder auch ja) und kümmern sich einen Deut drum, ob die Amsel das überhaupt noch zahlen kann. Wenn das so weitergeht, pfeife ich noch ganz aufs Telefon. Dann können die rauschen und bimmeln, so viel sie wollen. Ich gehe dann meiner Wege. Hat doch jeder so seine Gedanken im Kopf – oder?

Kleiner Aufsatz

Auch gibt es in unserer beliebten Stadt einen Kunstpreis. Da muß man sich nichts Schlimmes dabei denken. Einer kriegt den immer gerne und die anderen nicht. Der Bürgermeister sagt: Bei uns geht Qualität vor Quantität. Das finde ich richtig.
Hinterher gehen sie alle zusammen noch schön essen, denn in unserer Stadt gibt es viele gute Lokale. Hienieden ist die Kunst etwas Besonderes. Der Künstler bestellt sich dann meist etwas Ordentliches, vielleicht Hammel mit Semmelknödeln, und dann ist alles wieder gut.

Das Projekt Vinzenz Alpha

Immer wenn die Stationsschwester den Dienst beschloß, ging sie noch einmal durch die Zimmer: Was braucht Ihr noch? So kam es, daß neben den Pillenschächtelchen die Räume ihrer Station sich füllten mit Horoskopen, Katzen, Tortenstückchen, Fahrradklingeln, Pappelbäumen, Schiffssirenen, Dominosteinen, Würfelbechern und Girlanden von Bett zu Bett.
Das alles war ja nichts Besonderes. Aber als eines Tages eine riesige dreiteilige Schiffsschaukel am Flur der AC 7 aufgestellt wurde und zu Einschlafschaukelrunden für alle freigegeben worden war, herrschte allabendlich ein solcher Andrang, daß Zeitkarten ausgegeben werden mußten, um die Wartezeiten zu regeln. Das Ordnungsamt der Stadt besorgte den kostenlosen Druck dieser Billette im Rahmen des landesweit bezuschußten Musterplanes zur Humanisierung des Krankenhausalltages (Novelle des Krankenhausentwicklungsplanes/Landtagsdrucksache VIII/695034/90). Das Technische Hilfswerk der Stadt übernahm die Wartung, die Spenglerinnung stellte das Schmieröl und Achsenfett zur Verfügung, und die örtliche Malervereinigung strich das alte, vormals längst ausgediente Gefährt in neuen, hell leuchtenden Chromolux-Farben blau und gelb und rot an. Schwester Bonifatia strahlte! Das Projekt Vinzenz-Alpha – so nämlich hieß es in den diversen Stadtratsvorlagen, mit denen die verschiedenen Fraktionen das Erstgeburtsrecht an dieser praktikablen und populären Idee auf ihre Seite zu ziehen versuchten – war so ganz nach ihrem Herzen. Und jederman im Vinzenz wußte auch: das Ding war einzig und allein ihre Erfindung.
Ein alter Schifferstadter Schausteller, der noch mit einem

zweistöckigen Kinderkarussell im Spätsommer und Herbst durch die vorderpfälzische Kirmeswelt zieht, hatte es, nachdem er seine Galle hier losgeworden war und alles gut überstanden hatte, aus Dankbarkeit der alten, rührend bemühten Schwester überlassen, – ein Stück aus seiner Sammlung frühwilhelminischer Belustigungsmaschinen fürs Land- und Stadtvolk (so hieß das damals wirklich!), angefertigt seinerzeit von Reibemann & Engelsflügel in Breslau 1894, generationenlang erprobt auf Jahrmärkten, Kirchfesten und diversen Vereinsspektakeln. Ja, einmal, so wußte der alte Weinmann noch zu berichten, hatte Kaiser Wilhelm sogar höchst persönlich eine der Schaukeln mit dem Knauf seines Stockes „angeschlagen", – so nannte man eine der Inbetriebnahme neuer Anschlußschaukeln vorausgehende Art Taufe. Das war beim Lichtenberger Ulanenfest 1908 gewesen, als im spätabendlichen Lampionhimmel des Treptower Parks ein grandioses Regimentsspektakel angesagt worden war und seine Excellenz in den volksnahen Anekdoten Fritz Reuters über den Alten Fritzen spazieren zu gehen geruhte . . .
Fein säuberlich war das alles aufgezeichnet im Chronikbuch der ursprünglich sechs-schiffigen Schaukel des Franz Weinmann, das er der Schwester Bonifatia ebenfalls übergeben hatte und das nun in einem von der Schreinerei Söhne & Söhne eigens hierfür angefertigten Schränkchen untergebracht war, das die linke Wand der Stationsküche schmückte.
Das Ganze liegt jetzt übrigens schon einige Jahre zurück. Die dreiteilige Schiffsschaukel – wegen der schmalen Flure des Krankenhauses waren die einzelnen Boote jeweils nacheinander und nicht wie üblich nebeneinander installiert – war nicht nur die Attraktion des Krankenhauses dieser Stadt. Bald war ihr psychosomatischer Wert im Rahmen der medizinisch legitimierten Heil- und Einschlafkuren weithin anerkannt. Ja man munkelte sogar von dem einen oder anderen wunderbaren Wundheilprozeß, der angesichts seines beschleunigten Ablaufs

den Chefärzten des Hauses die Sprache verschlagen hatte: Bereits nach sechs Tagen ließ eine Frau auf der Naht ihrer konventionell durchgeführten Gallenoperationswunde einen Dobsball hopsen, ein Prostata-Adenom stand nach vier Tagen auf und lief die 2,8 km bereits zu Fuß nach Hause, nachdem es sich in der Nacht zuvor auf die Schiffsschaukel der allgemeinen Chirurgie geschlichen hatte und dort nach dem bereits abgewickelten Abendprogramm bis in den frühen Morgen hinein geschaukelt hatte ...
Mochten dies auch eher unbewiesene Gerüchte sein, die von Mund zu Mund gingen; – etwas anderes aber waren die exakt und objektiv ermittelten medizinischen Heilergebnisse auf der AC 7. Denn inzwischen hatte eine Kommission der Ärztekammer bereits eine kontrollierte einjährige Reihenuntersuchung in der Station durchgeführt, mit Kontrollgruppen versteht sich, aber auch mit ausgesuchten Versuchspersonen, die im Tageswechsel mit oder ohne abendliche Schiffsschaukelbenutzung betreut wurden. (Das Angebot der Deutschen Gesellschaft für Hypnose, sich an dem Versuch mit der Erzeugung eines placeboartigen Schaukelgefühls zu beteiligen, hatte man allerdings abgelehnt.)

Die Ergebnisse waren eindeutig: die Schlafkurven der Schaukelbenutzer waren ungleich ausgeglichener, ihr Medikamentenbedarf geringer, ihre Wundheilprozesse kürzer. Man konnte sagen, der ganze psychosomatische Anteil der Heilprozesse zeigte derart günstige Wirkungen, daß selbst die klassischen schulmedizinischen Meßergebnisse im Durchschnitt eine deutliche Verbesserung signalisierten. Die Entlaßquoten der Schiffsschaukelpatienten lagen im Schnitt um 3,76 Tage früher als die der Vergleichsgruppen. Eine weitere Folge: Der im allgemeinen rund um die Uhr ausgebuchte Krankenhauspsychologe konnte diese Station praktisch aus seinen Einsatzplänen streichen. Die von Patienten der AC 7 erbetenen Besuche waren von rund 37,8 % auf 2,14 % gesunken.

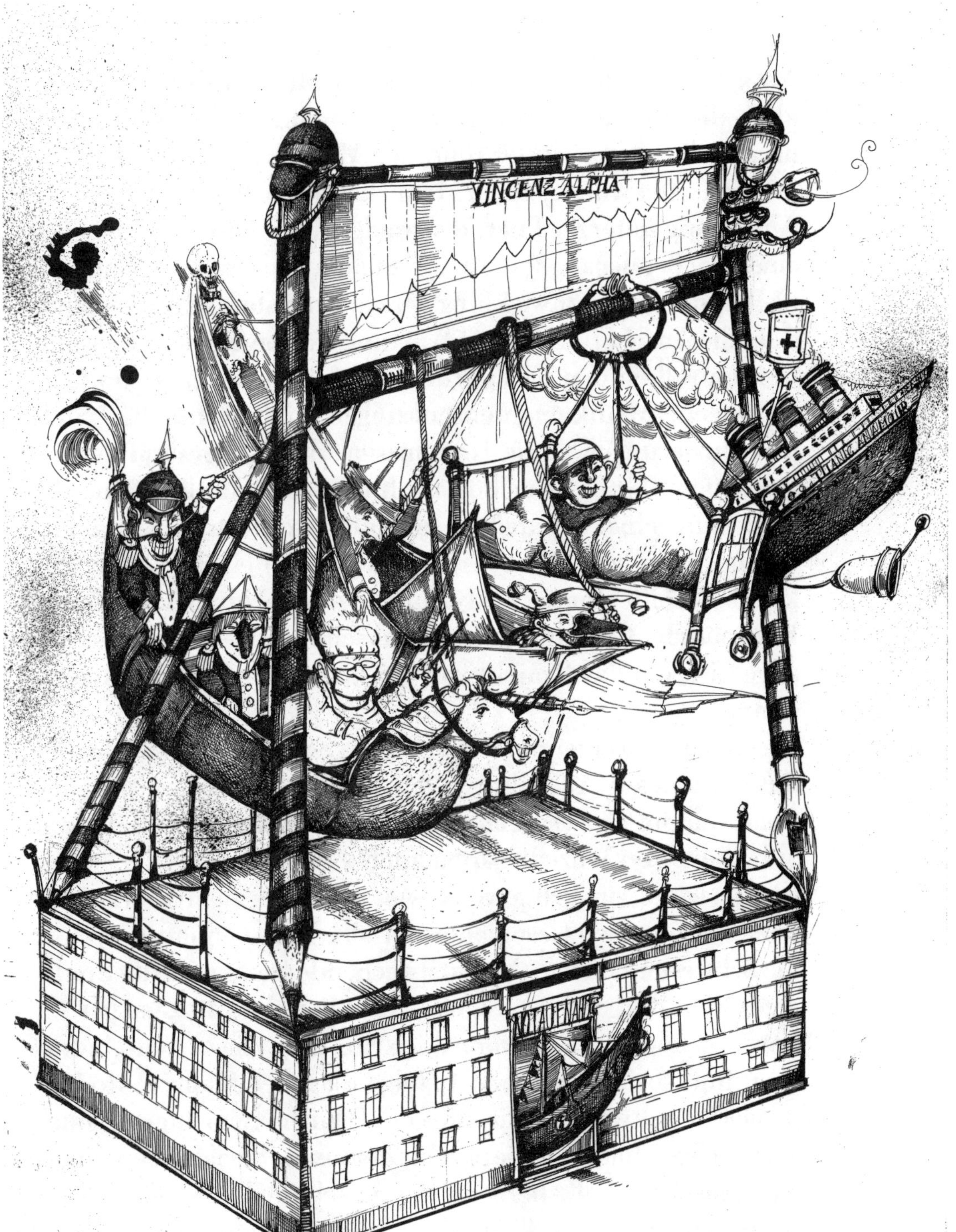
VINCENZ ALPHA
NOTAUFNAHME

Natürlich gab die Ärztekammer keine offizielle Erklärung ab, aber die Kommissionsergebnisse wurden im Gesundheitsministerium ausgewertet, und der Minister, ein jeder kostenneutralen Reform zugetaner Mann, hatte bereits eine hausinterne Anweisung unterzeichnet, derzufolge die finanziellen Aspekte eines flächendeckenden Schiffsschaukeleinsatzes im Rahmen des Krankenhausentwicklungsplanes dargestellt werden sollten, d. h. die Anschaffungs- und Wartungskosten gegenübergestellt werden sollten den Einsparungen infolge frühzeitigeren Entlassungen, Medikamentensenkungen und eventueller Stellenreduzierungen. Eine Kommission der Weltgesundheitsorganisation UNESCO meldete ihr Interesse an, die bolivianische Regierung schickte Experten, nachdem der Irrtum, es handele sich bei dem Projekt um als Krankenhäuser eingesetzte schaukelnde Schiffe, hatte ausgeräumt werden können, und die Europäische Gemeinschaft war gleich mit drei Kommissaren angereist, um das Projekt vor Ort in Augenschein nehmen zu können.

Freilich, kaum einer mehr sprach von Schwester Bonifatia und ihren Anfängen. Allerdings, allerdings, in der Lokalzeitung der Stadt und im Diözesanblatt wurde anläßlich des fünfjährigen Jubiläums von Vinzenz Alpha auch ihrer gedacht. Hier wußte man ja, wie es wirklich gewesen war, wenn nun auch (wie das halt immer bei solchen Geschichten ist) der Krankenhausdirektor, die Schwester Oberin, der entsprechende Dezernent des Stadtrates, der Bürgermeister und schließlich der Minister gar im Vordergrund standen, wenn es darum ging, die wissenschaftlichen und sozialpolitischen Erfolge dieses einmaligen Modellprojektes weltweit zu präsentieren. Denn hier, im internationalen Sozialgeschäft, war die psychosomatische Variante der mitteleuropäischen Volksbelustigungsmaschine längst eine feste Tagungsordnungsgröße auf den diversen Kongressen, Tagungen und Seminaren geworden. Selbst auf einem Fortbildungskongreß von Urologen auf Kreta im milden November des Jahres 1990 spielte die nämliche Begleittherapie eine gewisse Rolle, weil man sich von der Schaukelbewegung eine entsprechende Blasenstabilisierung, aber auch Restharnminderung versprach, so daß beispielsweise die vielen Autofahrer, die infolge der Fahrbewegung ihren üblichen Entleerungsrhythmus nicht mehr einhalten können, hier ein hilfreiches Blasentraining absolvieren könnten. So jedenfalls in seinem Bericht auf dem Kongreß der Chefarzt Dr. Burna, der es sich nicht hatte nehmen lassen, persönlich auf erste Versuchsergebnisse in seiner eigenen Abteilung hinzuweisen und der dem Kongreß damit einen unerwartet munteren Diskussionsschwerpunkt beschert hatte.

Aber auch grundsätzliche Entwicklungsmöglichkeiten von Vinzenz Alpha waren weltweit im Gespräch. So beispielsweise auf der Medicinal Technica im Frühjahr 1991 in Bombay. Hier wurde der Plan eines sogenannten Schiffsschaukelkrankenhauses konkret vorgestellt. Im Rahmen eines international ausgeschriebenen Bauwettbewerbes hatte ein Großneffe Le Corbusiers bereits alle Planungs- und Berechnungsunterlagen geliefert für eine weiträumige Krankenhausanlage, in der die einzelnen Abteilungen als sogenannte Schiffsschaukelhäuser konzipiert waren und in einer kühnen architektonischen Anlage nahezu überdimensionale Ausmaße verzeichneten. Im Stile riesiger Gondeln, so könnte man sagen, waren die einzelnen Abteilungen auf jeweils 18 m hohe Stützpfeiler über den Boden gesetzt –, eine jede von ihnen per ausgetüfteltem Räder- und Achsenwerk in schiffschaukelartige Schwingungen zu versetzen. Jedermann sah sofort, dieser Entwurf sprengte alle Grenzen. Ganze Krankenhausabteilungen schaukelten dann, wenn gewünscht, in rhythmischen Wechselbewegungen, ein jeder schaukelte mit, wo immer er sich aufhielt und was er zu tun gedachte. Nicht ohne eine ausgefeilte Verhaltenspsychologie das alles, versteht sich, denn hier ging es nicht nur um die Patienten,

sondern auch um eine bessere Arbeitsmoral und -stimmung des gesamten Personals, so wie man vergleichsweise etwa nach der Einführung von Musikberieselungen in gewissen Arbeitsprozessen oder auch im Rahmen der Kundenbetreuung in Kaufhäusern günstige verhaltenspsychologische Effekte hatte erzielen können. Natürlich konnten nur Witzbolde meinen, die jeweilige Gondelautomatik solle auch bei Operationen versuchsweise erprobt werden; dies kann man ruhig dem Bereich der Flunkerei zuordnen, – wiewohl, wiewohl Professor Dr. Wellershofen auf der letzten Chirurgia in Mailand seine Kollegen darauf verwiesen hatte, daß ihm selbst in seiner frühen Zeit als Militärschiffsarzt bei hoher See mitunter erstaunlich leichter zielsichere schnelle Schnitte gelangen, als man dies heute im Zeitalter der ausgeglichenen Schiffsbewegungen wahrhaben möchte. Und er fand dabei den lebhaften Zuspruch eines Orthopäden, der neuerdings Versuche mit Bandscheibenoperationen auf einem sogenannten Vibriertisch durchführt. Aber freilich: ein Vibriertisch ist noch lange keine Schiffsschaukel, und man muß auch Medizinern auf Kongressen nicht alles glauben!
Unstrittig aber ist der Diskussionsstand heute an einem Punkt angelangt, wo man das ursprüngliche Modell der Schwester Bonifatia getrost als medizinisch etabliert und gesichert bezeichnen kann. (Leider haben die allgemeinen Krankenkassen sich noch nicht dazu durchringen können, die Therapie in ihr Verzeichnis der anerkannten Heilmethoden aufzunehmen, aber immerhin machen einige private Versicherungen bereits einen Anfang mit entsprechend ergänzten Policen.) Die Entwicklung des Projektes selbst wird weitergehen, wenn seine Zukunft auch weniger von der freien Kreativität mehr beflügelt werden dürfte als von der Technologie, der high tech unserer Zeit.
Derweilen Schwester Bonifatia längst anderes im Sinn hat: eine ausgedehnte Murmelspielanlage auf den Fluren ihrer Station –

nein, nein, kein Telespiel mit Knopfdruckgeflimmer oder so, sondern eine richtige Glaskugelrollspielanlage mit allen Schikanen, deren Installation ihr ein Glaskugelfabrikant angeboten hat, der ein Stückchen Magen hatte lassen müssen und nun wieder mopsfidel ist. Die Bahnen werden an den Fußleisten der Flurgänge entlang montiert, mit Zwischenhaltestellen, Abzweigungen, mausegroßen Durchschlupflöchern, die in die einzelnen Zimmer hinein und wieder herausführen, einer Menge Koppelungen und Blockungen mit den verschiedensten Freigabevarianten von Bett zu Bett, so daß die Patienten ihre schmerzschillernden Welten allabendlich diesen kleinen bunten Kugeln anvertrauen und auf die Reise schicken können, wenn die Nachtschwester kommt und den Start freigibt . . .

Nüchterner Befund

Das Operationsteam faßte im Magen des Patienten Fuß. Dann zogen sie einen nach dem anderen nach, bis schließlich alle 12 drinnen Platz genommen hatten. Schön leer wie er war, saßen sie rundherum, und der Chefarzt erklärte den Raum. Eine OP-Schwester tischte Kaffee auf. Kuchen gab's aber nicht wegen der nämlichen Krümel. Der Anästhesist mahnte zu rhetorischer Eile. Zu Recht, denn es war bereits 11^{00} Uhr, und sie wollten noch in einer Lunge Schlittschuhlaufen.

Die Geschichte mit dem verkappten König

Seit gestern bin ich einsam.
Immer wenn ich einsam bin, liebe ich die Einsamkeit. Da lege ich mir dann einen Stift und ein leeres Blatt Papier auf den Tisch und sitze den ganzen Tag in meinem Zimmer oben.
Die Stadt, in der ich wohne, gefällt mir sowieso nicht, und auf der Straße trifft man nur Menschen. Da sitze ich dann lieber mit meiner Einsamkeit zusammen.
Das letzte Mal saß ich so einen Monat da. Aber nichts kam raus dabei. Kein Buch interessierte mich mehr, und ich hatte keine Zeile geschrieben.
Wenn das so ausgeht, fällt mir die Einsamkeit auf die Nerven. Dann tut mir das Knie wieder weh, und unten bellt der Hund immer öfter. Es rufen dann auch die blödesten Leute an und fragen mich, was ich von Haifischflossenoel halte und ob ich schon im Winterschlußverkauf war und mir das neue Stück mit dem Adler angesehen habe.
Diesmal ist das aber ganz anders. Schon jetzt hat meine Geschichte 19 Zeilen, wenn ich auch noch nicht weiß, wie sie weitergeht. Ich hatte ja schon eine Fortsetzung im Kopf, aber die hab ich wieder vergessen. Wenn mir der erste Satz wieder einfiele . . . Eine Nudelmehlwolke stäubte über das Land? Nein. Ich glaube, ich habe nur das entscheidende erste Hauptwort vergessen. Das fing mit A an oder mit G. So wie Aberdeen oder Anderswo oder Aal oder A-ha. Wenn es mit G anfing, gibt es mehrere Möglichkeiten: gramgebeugt, Gutenachtküßchen, Großgrundbesitzer, Gänsekiel, Grießklößchen mit Kaltschale oder Gugelhupfeinteilchenspringeinweilchen. Oder einfach gut. Aber so gut ist das gar nicht.
Vielleicht bin ich auch auf ganz falscher Fährte, und es ging

nicht um Sätze oder Wörter, sondern um ein Bild, das mir in der Fortsetzung der Geschichte vorschwebte. Vielleicht ging es darum, daß ein verkappter König verkehrt rum auf einem Esel saß und störrisch in die eine Richtung wies, in die zu gehen der Esel sich aber in geradezu majestätischer Weise sträubte.
Ja, das war's. Jetzt muß ich mich beeilen, bevor ich das wieder vergesse.

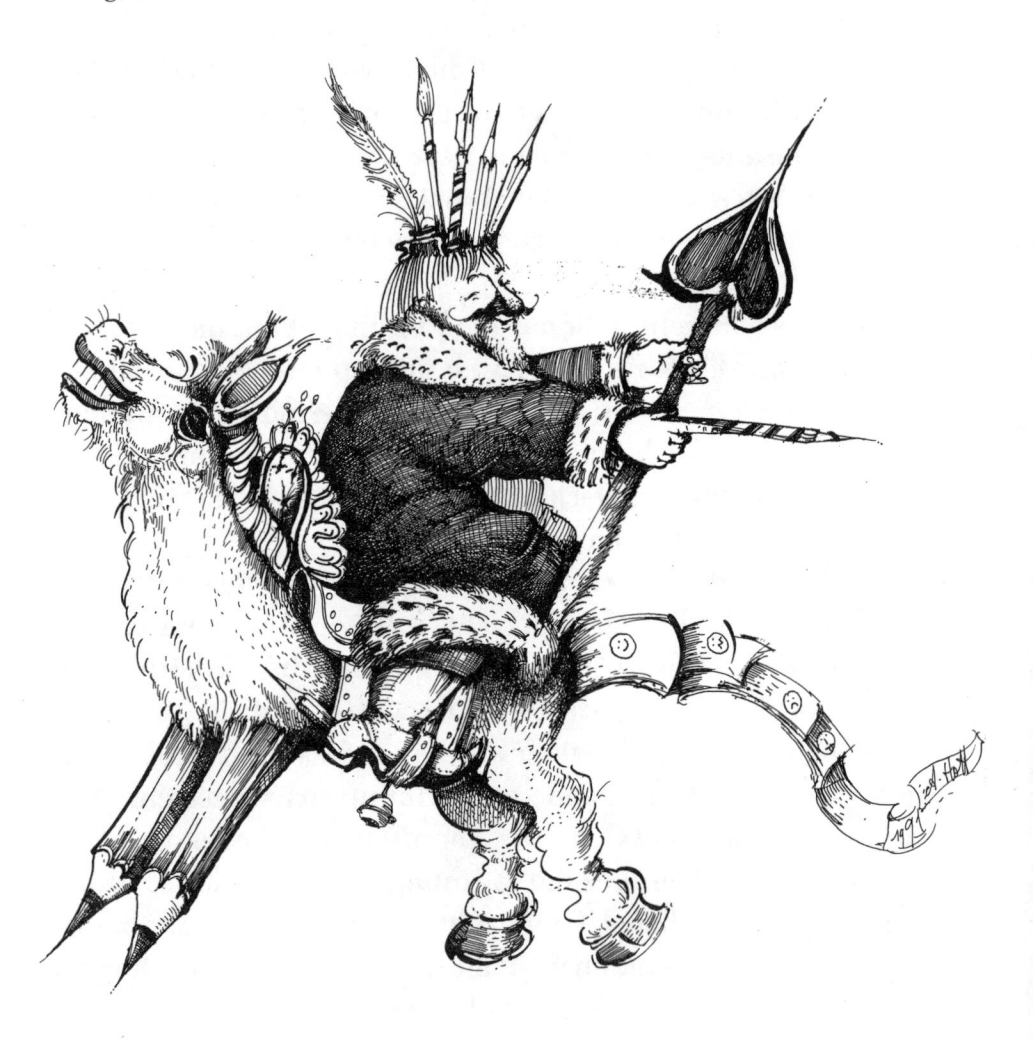

Wenn Jule tobt

Wenn's die Jule mal nicht mehr aushält (inmitten der Dummheit all der anderen, die nicht begreifen können, daß sie in ihrer Gutmütigkeit eigentlich viel zu wehrlos ist, um sich nicht ausnutzen zu lassen), steht sie auf, läßt alle sitzen, knallt die Tür zu und verschwindet.

Draußen nimmt sie ihr Fahrrad und radelt gegen Wind und Regen dem Grosso und Minimal entgegen. Und zieht die Luft ein wie Honig. Für einen Moment ist ihr, als erwarteten sie hier plötzlich irgendwo all die langersehnten Hauptgewinne der diversen Preisausschreiben von Textil-Otto, Das Beste, Woll-Bettina, Schinken-Mayer oder der Bundeszentrale für politische Bildung. So'n bißchen, wie wenn in weiten Horizonten die Seele übergeht und der Himmel zwischen den Häuserzeilen aufleuchtet wie ein Prophet. Etwas von dem Schimmer nimmt sie auf und tut es wer weiß wohin, manchmal, auf Umwegen, in die entlegensten Winkel der Stadt, wo sie den Fluß sehen kann, Gartenlokale und junge Hunde.

Wenn sie dann, endlich, wieder heimkehrt, mit nassem Haar und einem dunklen Leuchten in den Augen, stellt sie ihre fünf vollgepackten Taschen auf den Tisch und befindet: So, jetzt ist wieder mal für eine Weile vorgesorgt!

Jeder möchte nun mittun beim Auspacken, und ein bißchen ist es wie zu Weihnachten, wenn nach langem kalten Advent endlich wieder die Wärme einkehrt und mit ihr die Rätselhaftigkeit allen Glücks -, denn vielleicht, vielleicht hat Jule diesmal auch etwas ganz Außergewöhnliches mitgebracht, wer weiß . . .

Herauskommen dabei dann so Dinge wie ein Kilo Karotten, ein Bündel Porree, Bananen, Apfelsinen, Äpfel, ein Päckchen

Linsen, Köllns Haferflocken, vierhundert Gramm Aufschnitt, ein Fünfkilosack Kartoffeln, drei Liter Frischmilch mager, vier Buxen Quark (20 %), fünfmal Müllers Dickmilch, Vollreiswaffeln ohne Gluten, tausend Gramm Weizenauszugmehl Type 405 von den Pfälzischen Mühlwerken, Rama, Vitaquell und kerrygold original Irische Butter aus Irland, Finn Crisp Ein Nordlandabenteuer, eine Schachtel Ceylon-Assam-Tea, zwei Schachteln Hagebutten, ein Paket Bierhefe-Streuflocken und zwei Brote. Und (wie immer nach solchen Ausflügen) ein neues Haustier vom Zoo-Lehner, diesmal ein Zwergelefant, der auf den Namen Julietta hört . . .

*Verzeichnis
der Mitarbeiter in einem Ministerium*

DER SACHBEARBEITER. Der Sachbearbeiter bearbeitet eine Sache. Auch wenn die von Menschen handelt.
Das macht er am liebsten in aller Stille. Da sitzt er dann immer so da, nimmt sich Schriftstück für Schriftstück vor und sieht nach, was dazu zu sagen ist. Er sagt es aber nicht, er schreibt es auf. Andere gucken dann später, ob man das so übernehmen kann. Manchmal schreiben sie dann statt WESHALB – WEIL und an anderer Stelle, weil WEIL schon da ist, DADURCH DASS.
Das kriegt aber der Sachbearbeiter nicht mehr zu sehen, und wenn er es trotzdem sieht, zuckelt er nur so mit den Schultern und holt sich das Frühstück raus. Er denkt sich dann, was er sich immer denkt, wenn er denkt, du kannst mir doch –. Er sagt auch schon mal: Stilblütenkacker der! Aber das hört keiner. Trotzdem ist das für ihn dann erledigt. Er arbeitet weiter, denn an der Sache ändert das alles ja gar nichts.
Wenn beim Sachbearbeiter mal einer anruft, ist es meist der Referent. Der will dann wissen, wie's weitergeht. So besehen, hängt der von dem ab, wiewohl man denken könnte: andersherum. Aber so ist das oft im Leben: Die einen machen die Arbeit, und die anderen sagen dann, wo's langgeht, wenn die Arbeit gemacht ist.
Da dafür aber darf der Sachbearbeiter ein Leben lang auf seinem Platz sitzen bleiben.

*

DER REFERENT. Der Referent ist schon mehrmals angesprochen worden, wo es um den Sachbearbeiter ging. In Wirklichkeit ist er aber der Ansprechpartner, wo es um den öffentlichen Betrieb geht. Und zwar im Einzelfall und in jedem Falle. Er bekommt die Eingänge und unterzeichnet die Ausgänge. Er macht aber auch Vorlagen und Unterlagen für den Abteilungsleiter oder für alle Fälle. Von letzterer Sorte kann man nie genug haben in einem solchen Hause. Für Stoßzeiten. Wo sich dann alles so hin- und herstößt, und da ist der gut dran, der dann was aus der Tasche ziehen kann. Man kann auch sagen: In einem bestimmten Bereich ist der Referent der Mann für alle Fälle.
Manchmal muß er raus und diskutieren gehen und sagen: Das *ist* so, weil das *so* ist, und *so* ist das dadurch, daß *das* so und *das* so ist. Und *so* muß das eben sein.
Wenn ihm das dann alle glauben, ist er ein guter Referent. Wenn nicht, ist er prinzipientreu. Das ist auch nicht weiter schlimm, wenn auch nicht so wichtig, wie der soeben angesprochene Glaube.
Besonders viel Glaube ist erforderlich, wenn eine Regierung mal wechselt. Aber da, da ist dann wieder die Demokratie dran schuld, und für die sind wir ja alle. Da darf man dann den Referenten nicht schelten. Das hat der auch gar nicht nötig, denn in jedem Falle geht der öffentliche Betrieb weiter, und er muß jetzt nur so überzeugend wirken wie vorher. Und das konnte er schließlich schon bei der alten Regierung zur Genüge üben.
So besehen ist jeder gute Referent auch ein Fachmann für Kartoffeln: Rin in die Kartoffeln, raus aus den Kartoffeln! Und das gilt für jede Sorte. Kartoffel ist Kartoffel.
Wenn der Referent mal zum Abteilungsleiter gerufen wird, ist das sehr schön. Er braucht das auch. Ein guter Abteilungsleiter hat das längst erkannt und sys-te-ma-tisch organisiert. Er ruft die Referenten an jedem Dienstag um 9 Uhr zusammen. Da

kann man sich schon vorher darauf freuen. Oder auch nicht. Auch nicht, wenn man das zu lange mitgemacht hat, und ein anderer ist stellvertretender Abteilungsleiter geworden. Das schlägt sich dann manchmal auf den Magen. Da wird er dann operiert und geht vielleicht frühzeitig in Pension. Der Abteilungsleiter wird auch operiert, aber der kommt wieder. Das ist der Unterschied.

Einmal im Leben wird der Referent ins Ministerbüro gerufen. Dort muß er warten und darf dann dem Minister was vortragen. Das ist sein Höhepunkt und heilt viele Wunden. Wenn das aber zu frühzeitig in seiner Laufbahn passiert, geht der Esel aufs Eis tanzen und bricht immer wieder ein. Desderwegen hat ein Minister große Verantwortung und muß es sich dreimal überlegen, ob er einen Referenten was vortragen läßt.

Am glücklichsten ist der Referent, wenn er draußen vor Ort in anständiger Weise gefragt wird, was er weiß. Und wenn er dann in Ruhe ausreden kann und nicht unterbrochen wird. Das geht am besten bei nachgeordneten Behörden, denn die sind dann nicht so, weil die kennen den auch schon lange. Ein langer Bekanntheitsgrad tut dem Menschen immer gut. Am größten ist der freilich beim Minister. Deswegen tut der sich am meisten gut von allen. Aber das gehört nicht hierher.

Wenn am Morgen mal ein Referent einen anderen Referenten auf dem Flur trifft, referieren die miteinander spontan, um nicht aus der Übung zu kommen. Sie sind dann auch unter sich. Das ist immer schön. Denn wer will nicht mal unter sich sein? Unter sich braucht er dann nicht zu sagen: Das weise ich entschieden zurück! Oder: Das ist eine sehr gute Frage! Sondern da sagt er dann einfach: Du spinnst! Oder: Du fragst aber auch Sachen! Und dann zwinkern die sich schon mal mit den Augen zu, manchmal ist da einer vielleicht richtig drollig.

Aber wenn sich zwei Referenten noch nicht so gut kennen, da reden die so ähnlich wie draußen vor Ort, und jeder wiederholt

noch mal die Vorstellung vom Tage zuvor. Da staunt er dann selber, wie gut er war. Morgengespräche sind sehr wichtig für ein Betriebsklima.
Das Betriebsklima ist sowieso das Allerwichtigste. Wie man so'n Klima macht, weiß keiner richtig. Aber es ist immer da.

*

DER STAATSSEKRETÄR. Der Staatssekretär, das ist ein großes kluges Tier. Er taucht überall auf und wieder unter. Mehr ist von ihm nicht zu sagen.

*

DER BOTE. Der Botengänger hat zu tun. Er ist der einzige, der hier körperliche Arbeit verrichtet (außer den Kantinenfrauen, versteht sich). Keiner wird so alt wie er.
Er schiebt den Schiebewagen von Tür zu Tür, klopft, macht auf, legt einen Stoß auf die eine Stelle, nimmt einen Stoß von der anderen Stelle, guckt oder guckt nicht und schiebt weiter.
Er ist, was das reale Betriebsklima angeht, der bestinformierte Mensch im Hause. Keinen läßt man so unverblümt an sich heran wie ihn. Von ihm geht keine Gefahr aus, aber Ordnung muß sein, klar.
An Selbstbewußtsein könnte sich mancher der Hundertscharen, die er beliefert, eine Scheibe von ihm abschneiden. Das liegt daran, daß bei ihm Anspruch und Leistung noch völlig übereinstimmen. Bote ist Bote, der bringt dir den Schrecken oder das Glück oder den papierenen Alltag – das ist nicht seine Geschichte. Seine Geschichte ist: Wenn er ausfällt, gehts nicht weiter. Das soll erst einmal ein anderer in dem Hause von sich behaupten können!
Manche denken, die Akten hin- und herschieben, das ist lang-

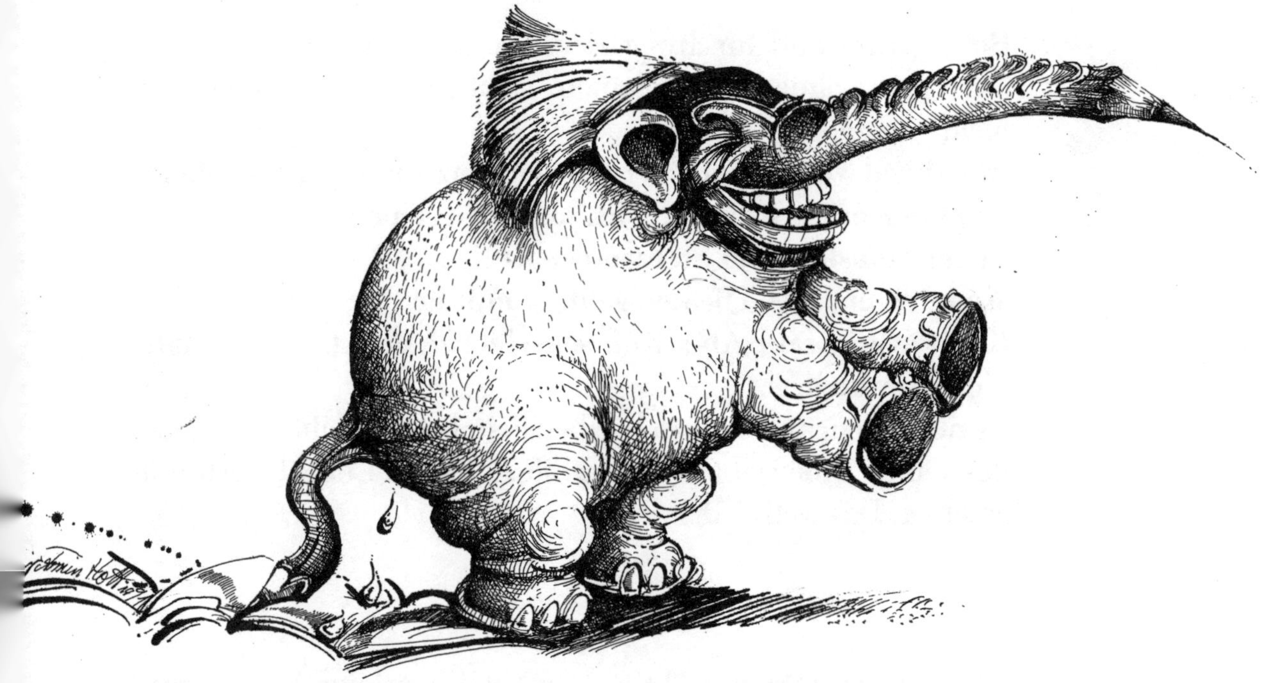

weilig. Die haben aber keine Ahnung! Ein gestandener Bote weiß längst, wem er wann wessen Akte fälschlicherweise zuschieben muß, um etwas Bewegung in den Laden zu bringen. Da geht dann der Dings zum Dangs, und der Krach geht wieder von vorne los, oder die Dongs telefoniert mit dem Dengs, und sie flüstern sich an. Das machen die zwar ohnedies, aber so machen sie's einmal mehr und mit gutem Gewissen.

*

Botengänger sind durchweg friedliche Menschen, auch wenn sie öfter griesgrämig dreinschauen. Schließlich müssen sie sich nicht verstellen.
Am Abend wünscht sich der Bote ein Setzei mit Bratkartoffeln, und wenn er ins Konzert geht, sagt er zu seiner Frau: Das dort ist der Ministerialrat Sterzenmeier.
Wenn er mal ins Theater geht, staunt er, wie schnell da die Kulissen wechseln. Aber Kulissenschieber, denkt er sich, das ist nichts für dich.
Es gibt Botengänger, die schreiben heimlich Gedichte. Nur weiß das keiner. Einen gibt's, der hat alle Filme mit Eddie Constantin gesehen. Das weiß jeder.

*

DER ABTEILUNGSLEITER. Der Abteilungsleiter ist gut dran. Denn weiter geht's nicht. Jetzt kann er endlich aufhören und Ruhe geben.
Das ist besonders wichtig, denn auf seinen Schultern muß viel Verantwortung ruhen können. Sie wird ihm aufgeladen. Sonst wird sie bloß immer so hin- und hergeschoben, keiner will sie, aber schließlich braucht die ja auch mal einen Ort, wo sie sich so richtig ausruhen kann. Da dafür ist der Abteilungsleiter gut.

Er betreibt dann auch in aller Ruhe die Erweiterung des Stellenplanes für seine Abteilung. Wenn ihm das dann gelingt, sagen die anderen: Der kann sich durchsetzen. Das hat der ja nicht mehr nötig, aber es tut ihm trotzdem gut. Und außerdem: Das hat er gelernt. Denn ein Abteilungsleiter ist das geworden, weil er sich durchgesetzt hat. Und solche Leute braucht das Land. Es ist deshalb schade, daß es nur so wenige Abteilungsleiter gibt.

Am meisten am Abteilungsleiter interessiert die anderen, wie man Abteilungsleiter wird. Aber das wird nirgends besprochen. Deshalb kann man dies hier ruhig einmal sagen. Es gibt natürlich viele Meinungen zu dem Thema, aber nur drei verdichtete Theorien. Die erste besagt, daß man im Sinne der Urknallkadenz der Spitze des Hauses dermaßen gezielt, hartnäckig und wellenförmig auf den Wecker fallen müsse, bis dieser eine Umpolung des auffällig begabten Störenfrieds zugunsten der Abschmetterung anderer weniger begabter, aber zahlreicher Störenfriede als einziger Ausweg aus der Konfrontation erscheint. Man gibt dem also, was er im Grunde will, aber nicht offen sagt, und erwartet dafür, daß er künftig der Spitze des Hauses solcherart Konsorten wie seinesgleichen vom Halse hält. Diese Rechnung geht meist auf.

Die zweite Theorie besagt, daß eine viele Jahre geübte Praxis als solider Klinkenputzer zum Erfolg führt. Das heißt, man nähert sich dem entscheidenden Personenkreis (insbesondere dem Minister, versteht sich), in stiller, einfallsreicher, liebenswürdiger Weise. Beispielsweise als Vorsitzender der Vereinigung für silesia-ugrische Semiologie, oder als Unterschriftensammler für das Volksbegehren zur atomwaffenfreien Verwaltungsvereinfachung, oder als Verfasser eines Aufsatzes (es dürfen auch zwei sein) über die Konsistenz des Wertebegriffs in mikrosozialen Raum agrarwirtschaftlichen Handelns. Wie gesagt beispielsweise. Es empfiehlt sich in dem

Zusammenhang, auch als Referent für Fortbildungsseminare des geöffneten Dienstes aufzutreten. Und immer, immer wieder als Diskussionsredner auf Tagungen in Erscheinung treten, an denen der Minister persönlich teilnimmt. Natürlich bedarf es eines ausgeklügelten Datennetzes, um all das in unverfänglicher Weise zu bewerkstelligen und sich selbst dabei auf derart natürliche Weise einzubringen, daß der Minister sich eines Tages verwundert zeigt, wieso dieser Mensch bei seinen Abteilungsleiterbesprechungen eigentlich immer fehlt. Ob er nicht zuviel nebenbei mache..? Das ist dann für den Leiter der Hauptabteilung Personalwesen das Zeichen, die Sache schnellstens in Ordnung zu bringen.
Die dritte Theorie ist die Lieblingstheorie. Sie ist ausgesprochen lebensnah, denn wie so oft in denselben spielt hierbei der Zufall die größte Rolle. Es ist der Weg für Glücksspielnaturen. Man wartet einfach ab. Der Glückspilz ist dann der, auf den aus unerfindbaren Gründen das wohlgefällige Auge des Ministers fällt. Es ist der sicherste Weg für den, den's trifft.
Alle drei Theorien begünstigen den Seiteneinsteiger. Ein Grundzug unserer Gesellschaft, nämlich ihre Offenheit und Dynamik, wird damit nachdrücklich erwiesen.
Der praktische Erfolg aller drei Theorien korrespondiert freilich mit der Tatsache, daß zum stellvertretenden Abteilungsleiter jeweils der fähigste Referent der Abteilung ernannt wird.

*

DER MINISTER. Menschen mögen Minister. Wenn er kommt, sagen sie: da ist er. Wenn er geht, sagen sie: da geht er. Wenn er steht, sagen sie: da steht er.
Er kommentiert seine Verhaltensweisen nie derart unverschlüsselt. Das ist klar, denn er macht das alles ja nicht für sich persönlich, sondern für die Sache. So gesehen ist ein Minister

auch ein Sachbearbeiter. Nur der richtige, der bearbeitet die Sachen anderer, dem Minister nimmt die seine aber keiner ab, er muß sie selbst erledigen. Wenn das klappt, wird er vielleicht wieder Minister, wenn nicht, bleiben die anderen trotzdem alle auf ihren Posten. Ein bißchen unklar ist das alles schon, aber wie so schön gesagt: Leistung zählt, sonst nichts.
Minister sind immer in der Minderheit. Es gibt viel mehr Abteilungsleiter, Referenten, Sachbearbeiter und Sekretärinnen. Trotzdem genießen Minister keinen Minderheitenschutz. Das hängt damit zusammen, daß sie oben sind; und wer oben ist, kann selbst für seinen Vorteil sorgen. Man sagt deshalb auch nicht Minderheit, sondern E-li-te. Das ist also eine begünstigte Minderheit oben, die für ihre Vorteile selbst sorgt. Wer unten ist, sorgt sich immer nur um seine Nachteile. Das ist der Unterschied. Sorgen haben beide. Es ist ein Irrtum anzunehmen, man wisse, mit welchen es sich angenehmer lebt.

*

DER PFÖRTNER. An der Pforte sitzt der Pförtner. Der guckt sich immer alle an, die da rein- und rausgehen und drückt aufs Knöpfchen. Dann summt es, und die Tür geht auf. Das ist schon was; denn wenn er nicht drückt, bleibt die Tür zu. Das ist dann aber auch schon alles.
Könnte man denken.
Ein richtiger Pförtner aber ist ein praktizierender Philosoph: Er fragt dich, wenn du rein willst, aber nicht dazugehörst, immer, wer du bist und wohin du willst. Wenn du ihm dann sagst, daß du das selber nicht so richtig weißt, wundert er sich mit dir über die vielen anderen Menschen, die sich einfach immer nur mit einem Namen weiterhelfen und die er dann von Amts wegen einlassen muß. Dich aber bittet er hinter das Panzerglas, holt das Schachbrett und die Figuren aus dem Schrank und räumt

den Summer auf Dauerton und keiner der vielen, die um 16⁰⁰ Uhr das Haus verlassen, könnte von sich sagen, heute so intensiv gelebt zu haben wie der Pförtner, der ein Spieler wäre, wenn er sich traute.

Abends, wenn du ihn verließest, bliebe eine unerledigte Partie zurück. Und der Nachtwächter wunderte sich über die vielen Läufer und Turnierreiter, die zu so ungewöhnlicher Stunde noch über die Flure huschten, einige trunkene Bauern, die die Haupttreppe herabpurzelten, und zwei Könige, die sich in verschiedenen Stockwerken hinter Gardinen versteckt hielten. Wie gesagt: wenn er ein richtiger Pförtner wäre. So aber sitzt er da und läßt sich einordnen wie hier in eine Liste, die jedoch nur sehr vordergründig einen Sinn macht.

*

DIE SEKRETÄRIN. Ohne die Sekretärin geht nichts. Kein Brief, kein Telefonat, keine Terminabsprache, keine Anmeldung, kein frischer Kaffee, keine Zwischenmahlzeit, kein Flachs, kein Umschalten, kein Abschalten, kein Ausschalten, keine Rückfrage, keine Wiedervorlage, keine Mantelablage, kein Durchmarsch durchs Vorzimmer, keine Beendigung unangenehmer Gespräche durch Vorabsprache gezielter Unterbrechungen, kein Fluch und kein Jubel, Regen nicht und Sonnenschein, kein GutenMorgenSchöne und HaltenSiedieStellung Marianne!

Ohne sie keine Vorurteilssicherung einer in ihrer eigenen Wirklichkeit verschreckten Männerwelt. Die Sekretärin – das unausrottbare Standardklischee: Mädchen für alles und sexy für mich! Sozusagen des deutschen Verdrängungsbeamten liebstes Kind! Und obwohl es jedermann besser weiß, geht ohne sie nichts: keine postpubertäre Renaissance, kein verdrängtes Bettgeflüster, keine eindeutige Zweideutigkeit, kein verschämtes Erröten, keine unverschämte Grapscherei, keine stille Begehrlichkeit, keine saloppe Angeberei, keine rotzfreche Frozzelei, keine stille Sehnsucht, kein Betriebsausflugsabenteuer, keine langjährige versteckte Liaison.

Inmitten dieser reduzierten maskulinen Karrierewelt von Besitzansprüchen und Entlastungsphantasien sitzt die Sekretärin und macht ihre Arbeit.

*

DER FAHRSTUHL. Der Fahrstuhl ist der einzige Mitarbeiter im Ministerium, dessen Dienste du ohne Voranmeldung in Anspruch nehmen kannst. Er bedient jedermann und jedefrau prompt und ohne Ansehen der Person. Ganz gleich, ob die Entscheidung in der Sache aufwärts oder abwärts führt, entläßt er den Menschen in seinem Selbstwertgefühl und seiner Integrität unbeschädigt.

*Der letzte zureichende Grund im Leben
des Antonio Vincelli*

Antonio Vincelli, von der Redaktion Zeitzeichen befragt, nannte zwei lebenserhaltende Interessen sein eigen: Erstens wolle er ins Guiness-Buch der Rekorde mit dem höchsten Baumkuchen der Welt eingehen – weshalb er als gelernter Konditormeister seit zwei Jahrzehnten auf den einschlägigen Fachmessen der Welt Erfahrungen und bereits beachtliche Auszeichnungen sammelte –, und zweitens lenke er sein spekulatives Träumen und Nachsinnen, soweit es von den Garnierungen und Kreationen seiner gebackenen Schöpfungen nicht aufgebraucht würde, in die streng körperfernen Räume der Welt der Gottesbeweise. Man wird zugestehen, nicht des Lebens schlechteste Sinnfindung, wie sie einen Menschen ankommen mag. Es gibt deren vordergründigere mehr als genug. So im Falle Toto Schigallis z. B., einem Schwager Antonios, der schon wie oft, wenn der Rundfunk ihn im Rahmen der Aufklärung von Korruptionsskandalen befragte, beteuert hatte: Er diene seit 30 Jahren seiner Gemeinde als Abgeordneter und opfere seine gesamte Freizeit (ohne finanziellen Gegenwert!) dem Wohle der Allgemeinheit; wiewohl jedermann am Ort wußte, daß seine Frau ein Drache ist und ihm schon in den ersten Wochen ihrer frühen Ehe den abendlichen Besuch in der Taverne verboten hatte, – gemeinhin der verläßlichste Anlaß im Leben eines Ehemannes, die Verantwortung für das Gemeinwohl zu verspüren und die Sittlichkeit öffentlichen Handelns zu entdecken, das heißt für besonnene Aufopferung auszugeben, was gerissene Schläue zuwege gebracht hat. Oder Roberto Aaldo, der Plastikblumen und schöne Mädchenbeine über alles liebt, sich allerdings ein Leben lang einredete, der Sinn seines Daseins sei die Arbeit im

Samariterbund. Oder Giovanni Scarlatti, der firmierte Sardinen-Büchsen sammelt wie andere Briefmarken, und sein Bruder Paolo, der seit 36 Jahren Listen führt über alle großen Ski-Abfahrtsläufe der Sportgeschichte. Schließlich Angelus Roberto Sciampi, Lehrer des Altgriechischen, dem seine Kakteenblütenzucht über alles geht, der aber nicht müde wird, seinen Schülern die Antike als den Beziehungsraum aller Sinnfindung modernen Lebens anzupreisen . . . Baumkuchen und Gottesbeweise – man wird zugeben müssen, eine vergleichsweise sympathische und zudem aufrichtigere Art, sich am Leben zu beteiligen.

Damit wäre die Geschichte eigentlich schon am Ende, – jedenfalls so weit sie mitteilenswert ist, gäbe es da nicht noch einen Tag, an dem Antonio Vincelli den unwiderlegbar endgültigen Beweis für die Existenz Gottes gefunden hatte. Er lief aufgeregt und von einer tiefen Zufriedenheit erfüllt, wie sie Krügen eigen ist, die mit kellerfrischem trockenen Faßwein lang erwarteten und soeben eingetroffenen Gästen serviert werden, zu Bruno Donizetti, seinem Freund, dem Kaffeehausbesitzer um die Ecke, ging mitten hinein in dessen Küche und sagte: Heureka! Ich auch, erwiderte Bruno, man muß das Verhältnis der frischen Sahne zur leicht abgesetzten um 1/8 zugunsten ersterer ändern, dann steht die Sahne genau drei Minuten und 26 Sekunden auf der violetten Glanzschicht des Kaffees – kein Kaffeehaus Italiens hat das zu bieten, na? Darauf erzählte Antonio ihm von den letzten nunmehr gefundenen Gliedern seiner Beweiskettenanlage. Die gesamte Wasserbewegung der Meere habe er endlich einem hinreichend ruhigen Grunde zugeführt, alle verursachte Mord- und Totschlägerei dieser Welt einer in ihr ruhenden friedlichen Erstursache, und das Jüngste Gericht, das ihm, wie er ja wisse, hier und da nicht minder Schwierigkeiten bereitet hatte wie manch überlieferte fürstliche Gebäckrezeptur, die auf uns gekommen ist und die wir nachvollziehen können, ohne sie

je auf ihren wirklich ursprünglichen Geschmack hin noch überprüfen zu können, dieses Jüngste Gericht müsse völlig andernorts untergebracht werden! Daß er das nicht eher gesehen habe! 16 Jahre jage er dem nun hinterher!
So ging es zu an diesem Morgen, als Antonio Vincelli den wahrhaft unwiderlegbaren Gottesbeweis gefunden, behalten und inmitten der Fülle neuer Kaffeehauskreationen seinem Freunde erklärt hatte.
Anderntags stand er zu sehr früher Zeit auf, um im Nachbarort noch den Frühzug nach Florenz zu erreichen. In die Eingangstür seines Ladens hängte er ein Schild:

Heute geschlossen
wegen rationaler Beweisführung
der Existenz Gottes

Seine Kunden waren mit solch plötzlichen vorübergehenden Geschäftsschließungen vertraut, denn es war nicht das erste Mal, daß der allseits geschätzte und beliebte Antonio aufbrach, um auf Konditorenmessen sein Glück zu versuchen oder irgendwo mit irgendwem an seinen Gottesbeweisketten weiter zu stricken. Natürlich konnte niemand wissen, daß er heute auf dem Wege zu Professor Alberto Albertini war, bei dem er in jugendfrüher Zeit drei Semester Philosophie studiert hatte (und im Hauptfach bei Eduardo Paolozzi Theologie), bevor er sich dann anders besonnen und für die sinnlich wahrnehmbaren wirklichen (in seinem Falle auch noch süßen) Dinge des Lebens entschieden hatte.
Albertini hörte wie immer, wenn ihn einer seiner ehemaligen Schüler oder Schülerinnen aufsuchte, aufmerksam zu. Antonio, nachdem er einen etwa 60 cm hohen Baumkuchen auf dem Schreibtisch des Professors placiert hatte (das reine Backwerk, versteht sich, bar aller zuckrigen oder gar barbarischen

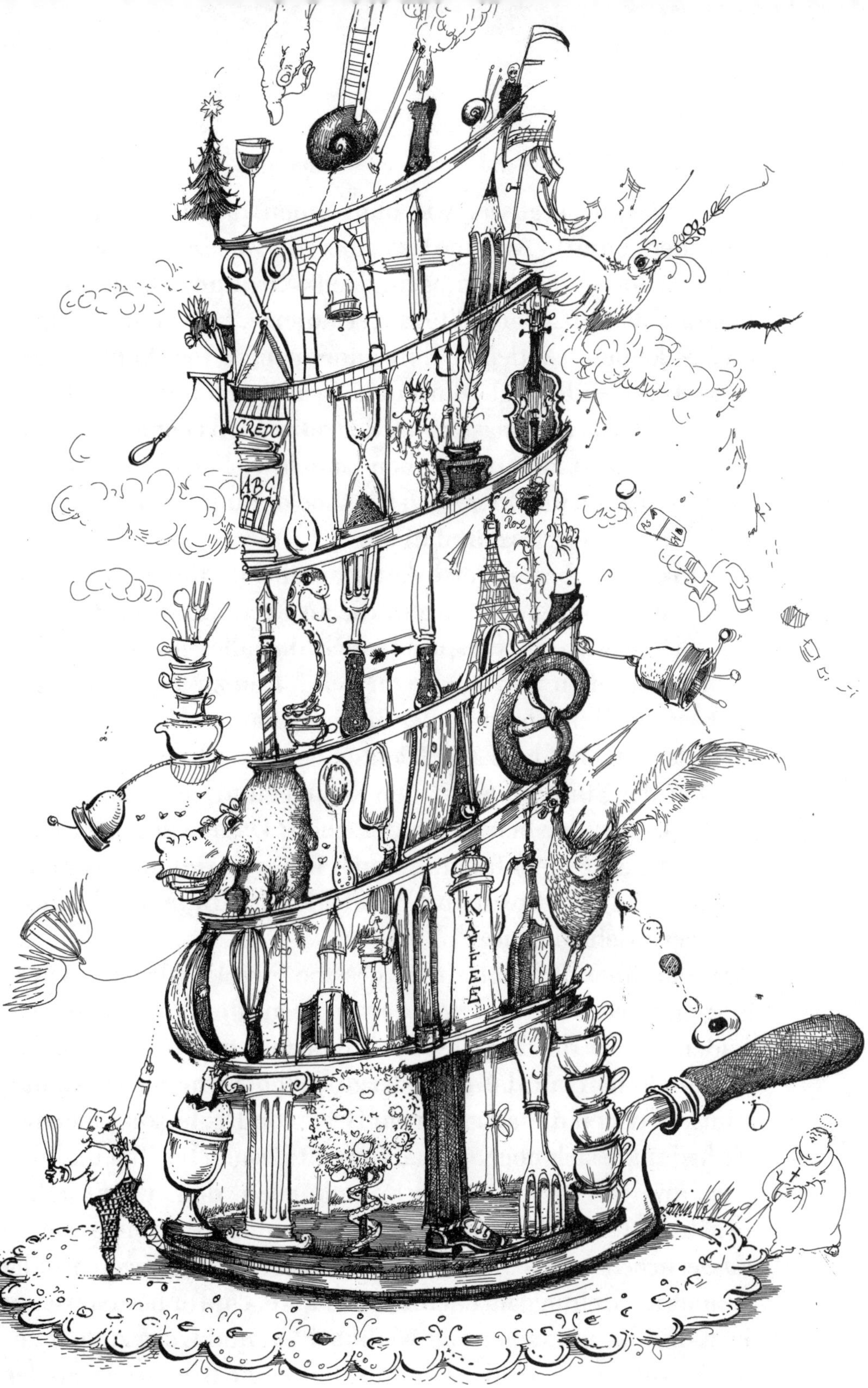
CREDO
ABC
KAFFEE

Schokoladenübergüsse, wie man ihnen nördlich der Alpen begegnen kann), Antonio war beredt wie immer, wenn er seine neuesten Überlegungen, Denk-Ordnungen und Argumentationsreihen vorstellte und erläuterte. Er war auch sicher, daß es keine essentiellen Einwände mehr geben könne gegen seine Beweisführung! Marginale Fragen eventuell noch, ja, tangentiale Berührungspunkte der rationalen Demonstrationsketten mit dem metaphysischen Umfeld vielleicht, aber in der Sache selbst sei ihm hier doch wirklich der unanfechtbar rationale Nachweis gelungen, daß . . .

Der Professor bewunderte Antonio sehr, dankte ihm für sein Vertrauen (mit blauen Augen, die an Freundlichkeit nicht zu überbieten waren), versprach, sich das alles noch einmal in Ruhe anzusehen und dann von sich hören zu lassen. Danach trat er mit ihm an eines der hochreichenden Fenster seines Arbeitszimmers, wies mit leichter Gebärde hinweg über die Dächer der Stadt hinauf in den Himmel und sagte: Ist es nicht schön da draußen heute, wunderschön? Dann wünschte er ihm noch eine gute Heimfahrt, hinaus, wie er sagte, hinaus in das offene Land der Oliven und Weinfelder und Baumkuchenfeste und verabschiedete ihn.

Antonio, überglücklich, fuhr dieselbe Strecke wieder zurück, ging still vergnügt und voll der inneren Monologe zu seinem Laden, den er für den Rest des Tages noch weit öffnete, so daß die Kundschaft sah, daß er wieder zu sprechen war und verkaufte.

Einige Wochen danach kam ein Brief von Professor Albertini. Er bedankte sich noch einmal für den Besuch bei ihm und den ganz und gar vortrefflichen Baumkuchen, den er ihm mitgebracht hatte und der Gott nicht minder zur Ehre gereiche wie die ausgesprochen wissenschaftlichen Existenzgründungen, für die er auch noch einmal im nachhinein danke. Und er bestelle schon jetzt drei Baumkuchen für Weihnachten und frage zudem an, ob er, Antonio Vincelli, nicht Lust hätte, die Konditorei an der

Universität zu übernehmen, die demnächst neu vergeben werde, wie er gehört habe. Antonio zitterte vor Erregung, lief mit dem Brief zu Donizetti hinüber, hinein in eine lange Nacht der Gespräche und Beratschlagungen. Ein halbes Jahr später eröffnete Antonio besagte Konditorei an der Universität.

Das war dann das Ende der Vincellinischen Beweisanstrengungen zum theoretischen Ruhme Gottes und der Beginn einer entspannteren Lebensgeschichte, wie sie einem Menschen, der sein halbes Leben dem schwierigen Geschäft des Gottesnachweises gewidmet hatte, wohl anstehen mochte.

Fürwahr eine etwas umständliche Geschichte das Ganze, wie man meinen möchte, aber sie hat einen Menschen glücklich gemacht. Und das dürfen Geschichten schließlich auch mal im Auge behalten.

Morgen in Lanzarote

Das erste Mal, als ich ihn sah – warten Sie, das war an einem Dienstag, ja, am 23. Oktober vergangenen Jahres war das, in der S-Bahn, ich fuhr gerade heim, wie jeden Tag, 17^{06} Uhr ab Lilienthalplatz – da stand er da. Liebe auf den ersten Blick war das! Als ob man auf den, genau auf den da, ein Leben lang gewartet hatte. Aber nicht doch mit mir, sagst du dir dann noch schnell... in meinem Alter, nein, nicht noch einmal die ganzen alten Illussionen; denn eigentlich hat man die Erwartungen an das Glück in meinen Jahren schon abgeschrieben... Aber das ist nur so eine Reflexbewegung nach der Art, wie du dich in den Arm kneifst, um festzustellen... na ja, seitdem geht er mir einfach nicht mehr aus dem Kopf. Was heißt Kopf – die ganze Welt rundum hat ein neues Gesicht bekommen... Und jeden Tag, wenn ich 17^{06} Uhr in den vierten Wagen von vorn einsteige, steht auch er wieder an derselben Stelle. Manchmal denke ich: Jetzt, jetzt steige ich Hegel/Ecke Bismarck einfach nicht aus, ich fahr weiter, glatt durch bis zum Flughafen und unternehme etwas ganz Verrücktes... Aber dann denke ich wieder: Ob er mir da auch folgen würde? Vielleicht verliere ich ihn dann, denn bis jetzt war ich mir meiner Sache ganz sicher: Endlich, endlich einer, der mich, meine Gedanken und meine Gefühle mit allem Drum und Dran ganz ausfüllt: MORGEN IN LANZAROTE, und ich weiß noch nicht einmal, wer mit dem Satz wofür Reklame macht. Aber bestimmt nicht für das, was ich mir vorstelle, bestimmt nicht...

Bescheid

Ein Mann, als er einmal Bescheid wissen wollte, ging auf ein Amt. Das heißt, erst faßte er sich an den Kopf, weil der so wackelte, dann aber ging er los. Es flog ihm unterwegs eine Fliege ins Auge, so daß er stolperte, 3 Mülleimer auf der Straßenseite und mit ihnen eine Frau zu Fall brachte, die gerade von einem Amt kam. Amt hin, Amt her, dachte der Mann, so kann's gehen, wenn man zum Fall wird. Er half der Frau auf die Beine, und sie gingen zusammen einen und zwei, drei trinken. Die Frau erzählte ihm, es sei rein gar nichts auf so einem Amt zu erfahren, was einem Freude mache. Aber Wohngeld wird's doch geben, sagte der Mann, und Heizung für den Winter. Da guckte sie ihn an und sah, wie er sich ein Haar aus der Nase rupfte. Sie tranken Brüderschaft und gingen in ihre Wohnung. Die war überm Hof im 4. Stock. Dort blieb der Mann dreieinhalb Tage und Nächte. Jeden Tag aß er Dickmilch mit Stampfkartoffeln, und sie tranken zusammen ein Bier dazu. Die Welt ist ein Dreieck, sagte er, sonst ginge das alles nicht. Sie sagte gar nichts, aber wenn sie den Mund aufmachte und ohne Grund lachte, sah er, daß sie in der unteren Zahnreihe rechts eine Schwebebrücke hatte.
So ist das Leben, dachte der Mann, und sein Kopf wackelte dabei, wie ein Kopf wackelt, wenn einer denkt, daß das Leben so ist, wie es ist, wenn er eine Schwebebrücke im Munde einer alten Frau sieht, mit der er Brüderschaft getrunken hatte, weil sie zu Fall gekommen war mit 3 Mülleimern, während er auf ein Amt wollte. Eine Fliege hatte das alles zu Wege gebracht, eine Fliege.
Von manchem, sagte der Mann, halten wir viel zu viel, und von vielem viel zu wenig.
Der Bescheid vom Amt aber konnte ihm fortan gestohlen bleiben.

Der alte Mann und die Pflaumen

Drei Pflaumen hingen auf einem Apfelbaume, und ein alter Mann dachte: Wieso hängen hier drei Pflaumen auf einem Apfelbaume? Noch nie habe ich in meinem langen Leben drei Pflaumen auf einem Apfelbaume hängen sehen. Tja – wenn ich schon öfter drei Pflaumen auf einem Apfelbaume hätte hängen sehen, würde ich mich jetzt nicht darüber wundern, aber so –. So wunderte sich ein alter Mann, als er eines Tages drei Pflaumen auf einem Apfelbaume hängen sah.

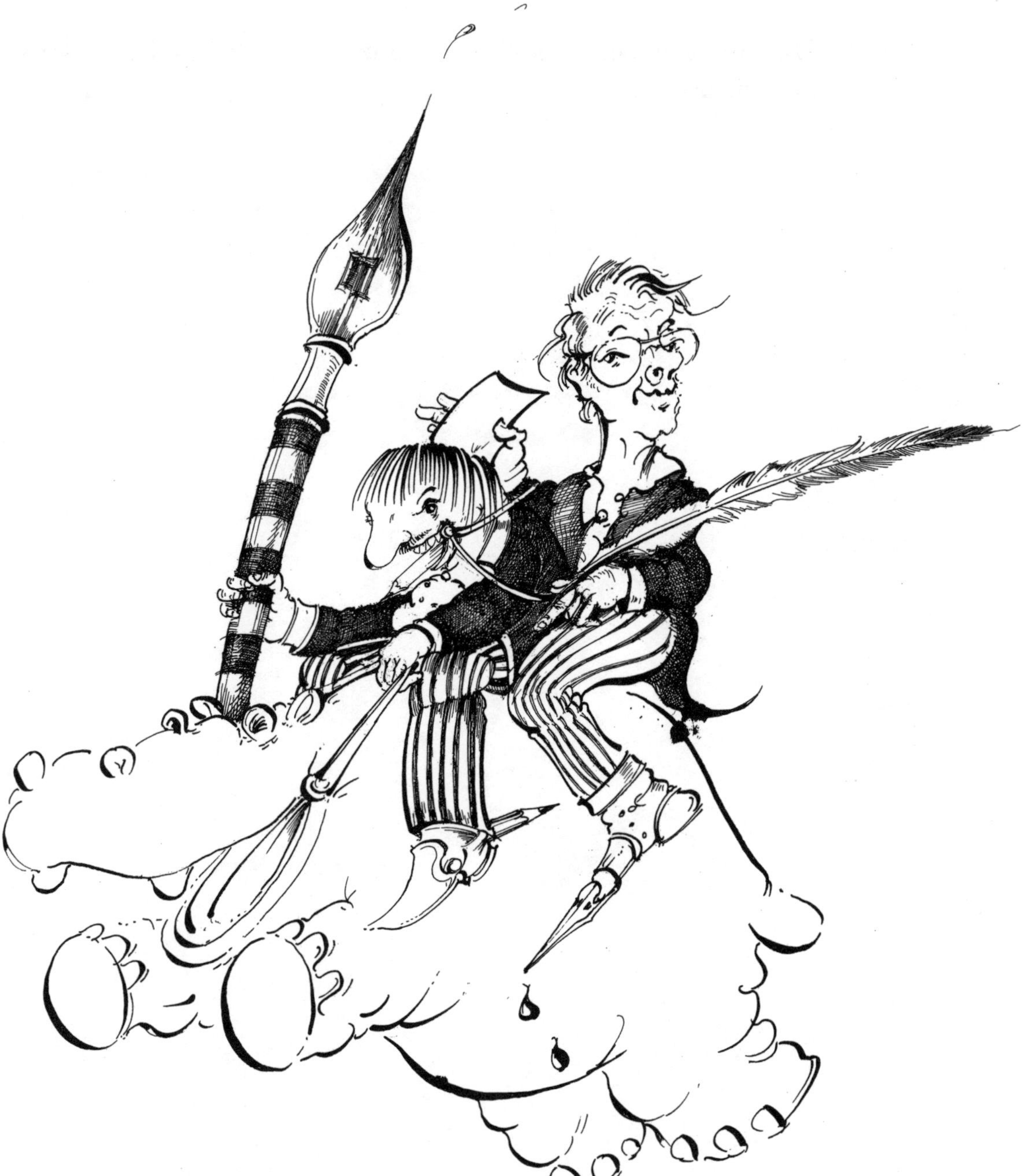

Manchmal möchten die Wörter ganz unter sich sein. Dann muß man sie lassen.

Inhalt

- 5 Eröffnung
- 6 Kullerpfirsich
- 8 Die alte Frau
- 9 Ein Lehrer der hieß Marinow
- 11 Ein seltener Fall
- 12 Die Geschichte vom Schlafsammler und Kehrmaschinenmeiser
- 14 Eine Geschichte mit der Maria Wollinka
- 17 Meerstern ich dich grüße oder Fröhliche Weihnachten
- 19 Eine Liebesgeschichte
- 22 Die Tischordnung
- 27 Glück gehabt
- 28 ohne Titel
- 30 Frisch geweißelt
- 32 Der Engel der 7c
- 35 Das Dampfbad oder Die klassische Bildung
- 36 Eine gelungene Stunde
- 38 Der General
- 40 Eine Kafkageschichte
- 42 Der Roman, Eine Gebrauchsanweisung
- 49 Die Geschichte vom fliegenden Ofenrohr
- 55 Heiliger Bimbam
- 57 Kleiner Aufsatz
- 58 Das Projekt Vinzenz Alpha
- 66 Nüchterner Befund
- 67 Die Geschichte mit dem verkappten König
- 69 Wenn Jule tobt
- 71 Verzeichnis der Mitarbeiter in einem Ministerium
- 82 Der letzte zureichende Grund im Leben des Antonio Vincelli
- 88 Morgen in Lanzarote
- 89 Bescheid
- 90 Der alte Mann und die Pflaumen
- 92 Wörter unter sich . . .

Artur Schütt, Jahrgang 1932, verbrachte seine Kindheit und Jugend in Schlesien und Thüringen, Studium der Germanistik, Allgem. Sprachwissenschaft und Geographie in Berlin. Als Lektor des Goethe-Instituts in Schweden. Nach der Referendarzeit in Rheinland-Pfalz Gymnasiallehrer in verschiedenen Funktionen, zuletzt (1972 – 1987) als Schulleiter des Gymnasiums am Kaiserdom in Speyer. Zahlreiche Veröffentlichungen im pädagogischen und belletristischen Bereich, u. a. „Die Löcher im Stundenplan", „Geschichten aus der roten Hütt'", „Der letzte Flügelengel". Langjährige Zusammenarbeit mit verschiedenen bildenden Künstlern. Literarisches Kabarett mit eigenen Texten, u. a. Lyrik und Jazz. Einige Jahre Vorsitzender des Literarischen Vereins der Pfalz. Lebt in Speyer und Weyher/Pfalz.

Armin Hott wurde 1960 in Landau geboren. Der vor allem mit seinen Radierungen, Zeichnungen und Illustrationen bekannt gewordene Künstler lebt in Kandel/Pfalz.

1991
Alle Rechte vorbehalten
© Pfälzische Verlagsanstalt GmbH, Landau/Pfalz
Umschlaggestaltung: Werner Korb, Neustadt/Weinstraße
Titelvignette, Vignetten auf Vor- und Nachsatz
sowie Illustrationen: Armin Hott, Kandel
Gesamtherstellung: Pfälzische Verlagsanstalt GmbH,
Landau/Pfalz
ISBN 3-87629-215-8